KB235038

실패예찬

애벌레가 번데기를 거쳐 나비가 되기까지

실패예찬

이화순 지음

애벌레가 번데기를 거쳐 나비가 되기까지

실패와 좌절을 통해 얻는 만족한 삶

나는 IT 중소기업을 창업해 십여 년간 운영하다 처참하게 파산했다. 개인적인 삶이 먼저 망했다. 여기에 실패나 좌절이란 말은 어울리지 않는다. 그저 '망했다'라는 단순한 말이 제일 실제와 가깝다. '망했다'는 곧 끝장이 났다는 것을 의미하기 때문이다.

망해 가는 과정은 죽음을 기다리는 과정이었다. 나의 고통은 마치 내장을 하나하나 끊어 내는 것만 같이 지독했다. 머릿속은 하얗게 지워지는 것 같았다. 이 고통 끝에 허무한 죽음이 기다린다고 해도 나는 빨리 삶의 끈을 놓고 싶었다. 하지만 놓는 방법을 몰랐다. 그저 두려움으로 떨며 웅크리고 있을 뿐이었다.

마치 꺼져 버린 화로처럼 텅 비어 버린 것 같은 몸. 전혀 움직여지지 않는다. 이대로 영원히 눕는 것도 나쁘지 않겠군. 정말 지친 삶이었는데… 도대체 왜 그런 삶을 살았을까? 누구를 위해서… 죽음을 담담히 받아들이고자 했다. 하나 그 순간 두 딸의 얼굴이 내 머리를 강타했다. 어둠 속에서 눈이 번쩍 떠졌다. 그와 함께 갑자기 정체불명의 기운이 몸에 돌기 시작했다. 다 꺼진 화로의 불씨가 다시 살아나듯 나의 몸에 도는 기운이 점점 늘어나기 시작했다.

묵묵히 견뎌 내며, 이 세상의 한 귀퉁이에서 나는 새로운 나 자신을 만들어 가는 작업을 하면서 삶의 의미를 배워 나갔다. 내가 선택한 새로운 출발이 무기력, 슬픔, 절망에서 나를 구원했다. 더 나아가 이전보다 더욱 강하고, 창조적이고, 세상을 제대로 이해하는 통찰력이 있는 사람으로 나를 키워 주었다. 눈을 가렸던 것들이 제거되면서 세상이 새롭게 보였다. 나 자신과 세상을, 그리고 사람을 제대로 볼 수 있었다. 하지만 그 모든 것들이 한순간에 온전히 나의 것이 되지는 못했다. 길다면 긴 시간이었다.

나는 이 책을 통해 우리 모두가 어떤 실패와 좌절 속에서건 자신의 내면에 숨겨진 보물을 찾을 수 있다는 것을 알리고 싶다. 나를 변화시킨 삶의 원칙들이 다른 사람들에게도 효과가 있을 것이라는 것을 확신하기 때문이다.

그리고 그 변화를 온전히 자신의 것으로 하는 것은 마치 보석의 원석을 가공하여 찬란하게 빛나게 하는 연마의 과정과 같다. 그래서 우리의 내면에서 찾아낸 보물을 찬란히 빛나게 하는 연마방법을 공유하고자 한다.

나아가 우리 모두가 신나는 도전의 삶을 살았으면 하는 소망을 이 책에 담았다. 도전하면서 만나는 위기와 실패는 우리를 학습시키는 도구이기 때문이다. 그런 학습으로 우리는 우리가 찾는 만족한 삶을 만들 수 있기 때문이다.

당신이 지금 어떤 고통이나 비극을 겪고 있다면 그것은 어떤 좋은 것을 얻을 수 있는 기회를 만난 것이다. 당신의 생활을 뒤흔드는 모든 충격은 당신에게 새로운 현실, 즉 새로운 사고방식과 새로운 느낌, 새로운 존재 방식을 창조할 기회를 주기 위한 것이기 때문이다. 위기의 나날이 끝나면 당신은 더욱 강하고 현명한 사람이 될 것이다. 그리고 당신의 타고난 본성을 찾게 될 것이다. 거기에다 인간관계, 건강, 재정 등과 같은 삶의 다양한 면에서 풍부한 보상을 받을 것이다. 또한 당신은 직관과 통찰력과 같은 삶의 모든 측면에서의 성장도 이룰 것이다. 이렇게 당신은 예전과는 다른 대단한 존재로 전환하게 될 것이다.

나는 그렇게 온몸으로 겪었고, 새로운 나를 만들었다. 그리고 성장한 나를 느끼면서 주어진 보상에 감사하고 있다. 그러니 지금 우리는 도전을 두려워할 필요가 없다. 전에는 상상할 수 없었던 큰 놀라움으로 삶을 바라볼 수 있는 축복이 우리를 기다리고 있기 때문이다.

이제 당신은 환하게 빛나는 태양 아래에서 활짝 꽃을 피워야 할 때를 만나고 있다. 그렇게 할 수 있음을 믿으며, 당신이 무슨 꽃인지를 알아야 한다. 그리고 어떻게 피우는 것인지를 이해해야 한다. 나의 경험으로 제시하는 '자기창조경영'에 대해 이해하고 위대한 당신에게 좀 더 다가가기를 바란다.

이화순

차례

PART 1 삶이 무너졌다… 애벌레의 죽음

PART 2 번데기가 되다

번데기 1단계 – 애벌레 조직의 퇴화

번데기 2단계 – 나를 디자인하다

PART 3 나비로 부활

PART 1

삶이 무너졌다…
– 애벌레의 죽음

왜 내게 이런 일이…
다시 찾은 존재감
잘못된 선택
나를 돌아보며
와신상담
연금술사가 되는 길
애송이 삶을 청산
유아기를 버려야
갈매기의 꿈
무협소설의 주인공으로

"넘어진 것은 당신의 잘못이 아닐 수
있다. 그러나 일어서지 않은 것은
당신의 잘못이다."

– 스티브 데이비스

나는 겉으로 보기에 제법 성공한 사람처럼 보였었다. 건강하고 예쁜 두 딸이 있으며, 시부모와 남편과 함께하는 가정이 있었다. 그리고 자랑스럽고 훌륭한 친구도 많았다. 거기에다 10여 년간 IT 벤처기업을 창업해 운영하며, 여기저기 언론에도 소개되곤 했다. 나를 아는 모든 사람들은 내가 늘 바쁘고 행복하게 사는, 성공한 사람이라고 여겼다. 하지만 나는 점점 삶에 지친 초라함으로 무기력해져 갔다.

나는 아침에 일어나는 것이 점점 고통스러웠다. 점점 무거워만 가는 내 몸은 그저 리모컨으로 움직이는 TV처럼 기계적인 반응만 할 뿐이었다. 리모컨을 눌러 TV를 켜면 화면이 나온다. 그런 TV처럼 나는 아무 생각 없이, 리모컨을 눌러 대는 나의 주변 요구에 간신히 반응할 뿐이었다.

그러면서 점점 내가 서 있는 주변은 갈라져 갔다. 사방이 갈라지면서 '쩍 쩌억쩍' 큰 소리를 낸다. 나는 그 소리를 감당할 수가 없었다. 그런 상황에 위축된 나는 생각이란 것을 제대로 할 수가 없었다. 그리고 점점 '나'라는 존재감도 느낄 수가 없었다. 더욱 커져만 가는 상황에 당황하여 정상적인 사고를 잃은, 무기력한 나는 그저 가만히 웅크리고 있었다. 두려움이 점점 나를 싸안았다. 그리고 점점 심해지던 균열로 가득 찬 내가 있던 그곳은 어느 날 한순간에 무너져 내렸다.

내 삶의 경영, 가정의 경영, 기업의 경영에 실패한 존재의 끝없는 추락이었다. 내가 가졌다고 생각했던 모든 것들과 나를 위축시키고 당황시켰던 것들이 사라졌다. 생존에 필요한 최소한의 것도 내게는 남지 않았다.

왜 내게 이런 일이…

나는 내가 처한 상황을 이해할 수가 없었다. 알 수 없는 곳에 혼자 버려져 있는 것처럼 느껴졌다. 이때의 기분은 말로 표현하기 힘들게 공포스러웠고 처참하기만 했다. 삶에 대한 충격과 분노로 "왜 내 삶이 이래야 하냐"고 절대자와 나 자신에게 외쳐 댔다.

나는 평생 처음 온몸을 다해 소리를 질렀다. 절대자에게 주먹질을 해 대면서 말이다. 내 안에 그렇게 큰 소리가 들어 있다는 사실을 나는 처음 알게 되었다. 세상도 원망했다. 사람들도 원망했다. 그동안 표출 못 했던 삶에 대한 나의 분노를 있는 그대로 쏟아 냈다. 마침맞게 만난 사람들이 안내한 교회의 기도원, 내게는 안성맞춤이었다. 그곳에는 많은 사람들이 나처럼 소리소리 지르며 각자 무엇인가를 토해 내고 있었다. 밤을 패며 기도라는 것을 하고는, 지친 듯 웅크리고 쓰러져 자는 사람들이 많았다.

그런 추레함이 나는 싫었다. 분노와 절망이 보이지 않는 어떤 기운으로 사람들을 내리누르고 있는 것 같았다. 하지만 그것은 더럽고 추레한 모습으로 왜소하게 짓눌려 있는 나의 모습이었다. 그곳에서도 도망가고 싶었다. 하지만 내게는 공포와 분노를 뿜어내는 것이 더욱 급했다. 그렇게 처음으로 절대자에게 응석을 부렸다. 평생 부려 보지 못한 응석을 마음껏 부렸다.

어떤 사람들은 나를 위로한다며 '전생에 내가 잘못이 많았나 봐'라고 생각하라고 했다. 난 이런 말에 절대 동의할 수가 없었다. 내 죄책감이 자극되기 때문이었는지 모른다. 하지만 나는 그렇게 생각하는 것은 문제 해결을 위한 방안을 제시해 주지 못하며, 그저 편안하게 생각하라는 소리로 들렸다. 그래서 '내가 틀린 것을 알면서, 잘못 살았냐!'고 나의 신에게 또 외쳐 댔다. '진작 내가 잘못 살고 있다고 알려 주지 그랬냐'고. 이렇게 나는 어린아이처럼 그저 내 속에 쌓여 있던 쓰레기들을 눈물과 외치는 소리로 한밤중의 교회 기도원에서 한동안 허공에 퍼냈다.

전생에 잘못이 많아서라며 나의 상황을 인과응보로 받아들인다는 것은, 내게 간신히 남아 있는 그나마 버티는 힘마저 빼앗기는 것으로 여겨졌다. 나 스스로, 내가 죄인임을 인정하는 것으로 느껴졌기 때문이다. 그런 말은 나를 더욱 위축시켰다. 나는 정말 제대로 내 삶을 살고 싶었다.

나는 어린 시절부터 수많은 사람들의 책과 성현들의 말씀을 보며 내 삶의 목적을 가졌었다. 그래서 제대로 갈 길을 정하고, 제 길로 가는 줄 알았다. 하지만 나는 잘못된 선택으로 원하지 않던 길을 긴 시간 너무나 멀리 갔다. 내가 가려던 길과 갔던 길은 처음엔 그 차이가 아주 미묘하게 작았을 것이다. 그래서 몰랐을 것이다. 그러나 그 미묘한 차이는 시간이 흐를수록 점점 크게 벌어져 나를 예상치 못하던 곳, 내가 알 수 없는 곳에서 20여 년을 헤매게 했다.

이것은 내가 알고 저지른 실수가 아니다. 몰랐기에, 그 길이 맞는 줄 알았기에, 그저 성실하게 나름으로 최선을 다하여 갔을 뿐이다.

다시 찾은 존재감

절대자에게 차라리 '나를 죽이라'고 울부짖던 어느 날, 나는 내 존재감을 느끼게 되었다. 눈을 감고 울부짖는 일에 빠져 있던 나에게 더 이상 이 세상은 존재하지 않았다. 오로지 내 분노 표출의 대상인 절대자와 '나'만이 세상에 있었다. 하지만 눈을 떴을 때 이 세상은 여전히 있었다. 그렇게 나는 '내가 죽는다면 이 세상은 없다'라는 사실을 그제야 깨달았다. 내가 없으면 이 세상도 없다. '그렇다면 나의 크기가 바로 이 세상이구나'라는 인식이 나를 비집고 들어와 내게 나의 존재감을 비로소 느끼게 했다.

두려움과 분노, 그리고 아픔으로 인한 혼란과 수치심이 어느 정도 가라앉으면서 나는 나 자신이 전과는 다른 세상에 와 있음을 어느 정도 알게 되었다. 내 작고 초라한 몸 하나 편안하게 눕힐 곳이 없었다. 배고픔과 상처로 난 고통을 달래 줄 그 어떤 것도 없는, 정말로 텅 빈 허허로움 속에 내가 있었다.

하지만 그런 내게 다가온 존재감은 충격적으로 나를 뒤흔들었다. 이 우주와 내가 1:1의 관계라니, 절대자와 독대할 수 있는 그런 존재라니. 마치 번개라도 맞은 듯한 충격으로, 전혀 느낄 수 없었던 존재감이 갑자기 나를 휘어 감았다. 내게 찾아온 존재감은 내게 힘이 되어, 내게 살 이

유를 찾게 했다. 그렇게 나는 '이런 상황에서도 내가 살 가치가 있는가?'
라는 새로운 질문을 갖게 되었다.

그 답을 찾아 헤매던 중 성경의 한 구절이 내 눈을 끌었고 마음을 잡았
다. "내가 땅끝에서부터 너를 붙들며 땅 모퉁이에서부터 너를 부르고 네
게 이르기를 너는 나의 종이라 내가 너를 택하고 싫어 버리지 아니하였다
하였노라." 이 말이 내게는 절대자가 '사랑하는 딸아, 내가 너를 인정한
다'는 소리로 들렸다.

나는 이 말을 써서 갖고 다니며, 외고 또 외웠다. 내 존재감이 약해지
는 듯하면 이 글귀를 외우고, 나에게 내가 누구인지 말해 주었다. 그것은
번개처럼 내 머리를 강타하며 찾아온 존재감이지만, 수시로 나는 내 존

재감을 잃어버렸기 때문이다. 내가 누구인지를, 내가 잊지 않게 하기 위하여 나는 매일 밤 30분씩 걸으며 '내가 신의 딸'이라고 나에게 말해 주었다. 버스나 전철을 기다리며, 거리를 걸으며, 잠시도 쉬지 않고 나에게 말했다. '신이 사랑하는 딸'이라고.

그리고 그 구절 뒤에 있는 "두려워 말라 내가 너와 함께 함이니라 놀라지 말라 나는 네 하나님이 됨이니라 내가 너를 굳세게 하리라 참으로 너를 도와주리라 참으로 나의 의로운 오른손으로 너를 붙들리라"라는 말씀을 써 갖고 다니며 또 외웠다. 고맙게도 무조건 내게 기운을 내라는 말이니 이 말을 나는 가질 수밖에 없었다. 종일 외우다 보면 정말로 기운이 조금씩 났다. 기운이 떨어질 짬을 주지 않고 말씀을 외움으로써, 내게 그 이야기를 들려주었다.

내게 유익한 말을 외우고 또 들려줌으로써, 그 말대로 내가 그런 느낌에 잠긴다는 경험은 새로운 기쁨이었다. 전에도 책을 보며 감동에 잠긴 적은 많았다. 하지만 그 감동들은 일상생활을 하다 보면 언제 잃었는지 모르게 내게 남지 않았다. 그러니 내게 기운을 내게 하는 말씀들은 늘 갖고 다니며 내 온몸의 세포 하나하나에 새겨질 때까지 외우고 외워야 한다는 생각이 내 마음을 찾아왔다. 이렇게 절대의 허허로움과 생존여건이 다 없어진 상황에서 내가 할 수 있다고 찾아낸 유일한 방법은, 살길이 성경에 있다고 여기고 공부하는 것이었다.

내가 죽음의 상황에서 만난 성경은 나만을 위해 만들어졌다고 여겼다. 그래서 나만의 시각으로 공부를 해야 했다. 죽음의 늪에서 살아 나갈 수 있는 유일한 길이라고 여기는 것이었다. 그래서 절절한 마음으로 이해하기 위해, 캐내어 갖기 위해, 들이파고 또 들이팠다.

잘못된 선택

내 삶에서 잘못된 것은 무지한 상태에서 많은 것들을 선택하고, 그 선택이 옳다고 잘난 척을 했다는 것이다. 잘못된 선택은 지속적으로 나 자신을 합리화하면서 '기만'이라는 작업을 하게 했다. 나는 삶을 산 것이 아니라 그날그날을 견뎌 냈을 뿐이었다. 그 잘못된 삶에 대한 생각과 세상에 대한 잘못된 나의 시각, 이 모든 것이 무너진 후에야 비로소 느껴졌다. 아마 추락하면서 내게 붙어 있던 먼지와 쓰레기들이 어느 정도 떨어져서야 비로소 조금 보이고 느낄 수 있었을 것이다.

나는 현명한 척했지만 사실은 어느 누구보다도 어리석었다. 나 자신을 의심하지 못했다. 내가 생각하는 결과와 의도했던 바가 항상 최선일 것이라고 여겼다. 이 얼마나 한심하게 어리석은 생각이란 말인가.

어찌하다 보니 성인이 된 후 나는 내가 아닌 남을 위해 살고 있었다. 사람은 화를 내야 할 때는 화를 내고, 웃어야 할 때는 웃어야 한다. 하지만 삶에 지쳐 있던 나는 화를 낼 기력도 없었고, 웃을 여유도 없었다. 오직 할 수 있었던 것은 내가 맡은 짐을 떨어뜨리지 않기 위해 급급했을 뿐이었다. 그리고 그런 나를 '괜찮아' 위로하며 진짜 내가 괜찮은 줄 알았다.

나는 가족들을 염려하고, 진심으로 걱정했다. 그래서 그들을 위해 내 한 목숨 불태워도 좋다고 생각했다. 그러면서 많은 짐들을 내 등에 얹었다. 한번 짐을 내 등에 얹은 사람들은 더욱 얹기만 했다. 그리고 그들은 더욱 요구만 늘려 갔다. 그런 것에 내 몸은 젖어 사회에서도 사람들과 제대로 관계를 만들지 못했다. 그것을 마치 이 세상을 살아가는 사람들을 염려하고 진심으로 걱정한다고 착각했다. 내가 선택하고 걸어온 길이었다. 어찌 보면 멋있게도 들린다. 하지만 이 얼마나 기만의 말인가.

어쨌든 지금까지의 나는 겁쟁이 엄마였고 겁쟁이 사업가였다. 그리고 나를 소극적인 사람으로 만든 것은 결혼생활이 아니었다. 스스로에 대한 불신과 자기비하 때문이었다. 나는 모든 사람에게 친절하고자 했고 어느 누구도 기분을 상하게 하고 싶지 않았다. 그런 성격이 사업에도 도움이 되지 않았을 뿐이다. 그리고 가정을 제대로 관리하지 못했을 뿐이다.

나 자신이 없는데, 남이 어디 있으며, 가정이 어디 있고, 세상이 어디 있겠는가. 세상과 산다는 것이 무엇인 줄 몰랐던 어린아이의 헛소리일 뿐이다.

나라고 생각했던 이 커다란 쓰레기더미가, 추락과 함께 떨어져 나갔다. 내가 염려하고 걱정했던 가족과 주변, 내 등에 얹힌 짐들이 나의 추락과 함께 사라져 버렸다. 이제 뒤죽박죽으로 혼란스러운 나 자신을 돌아볼 때임은 확실했다.

이렇게 실패는 크든 작든 자신을 돌아보며 다시 정비할 기회를 주는 축복의 경험임이 확실하다. 내게는 고통 그 자체였지만 말이다. 그리고 늘 나 자신과 내가 하는 일을 의심의 눈초리로 봐야 함도 이제 알게 되었다. '부족함' 그 자체가 바로 나이기 때문이다. 이런 생각들이 조금씩 내게 제대로 생각할 수 있는 가능성을 알려 주었다.

나를 돌아보며

제일 먼저 나는 나의 교만을 깨달았다. 사람들의 말대로 우리 인류는 먹이를 찾고, 그 먹이로 배를 불리고 그것의 저장 방법을 진보시키면서 소유한 것을 비교하며 살아왔다. 그리고 그것을 자신의 정체성으로 인식하는 것이 일반적인 20세기의 삶이었다. 그런데 나는 이를 무시하고, 무형의 가치를 얘기하며 잘난 척을 했다. 나는 내가 존중하지 못한 물질에 대한 실수를 인정할 수밖에 없었다.

'먹이'가 사람에게 얼마나 중요한 것인지를, 나는 생존을 지탱할 아무 것도 갖지 못한 상황이 되어서야 비로소 알게 되었다. 나는 사람들이 중요하게 여기는 것을 중요한지 모름으로써 사람들을 자극했고, 나의 행동은 결과적으로 무분별한 행위가 되었다.

나는 이렇게 한심하고 부족한 나 자신을 보면서 내가 얼마나 무지몽매한지 알게 되었다. 내게는 버리기에 앞서 먼저 버려야 할 것을 찾아내는 작업이 무척이나 힘든 일이었기 때문이다. 그런 것을 배우기 위해 나는 사람들의 언행을 세심하게 관찰하게 되었다. 그러면서 중요한 것을 알게 되었다. 인간은 '앎'을 향해 나아간다는 것을 말이다. 이 세상엔 나쁜 사람이 있는 게 아니라 그저 모르는 사람들이 있을 뿐이다.

그렇다면 '삶'은 학습을 하는 배움의 과정이 된다. 그러니 당연히 실패는 일반학교에서의 배움보다 더욱 빠르게 많은 것을 배울 수 있는 영재학교에 입학한 꼴이 된다. 부족함을 인정한 내가 살 수 있는 유일한 방법이기에 절실하게 알려고 하고 익히려 하기 때문이다. 따라서 학습에 집중하게 되고, 그 효과는 빠르게 진행된다. 이렇게 나는 나를 위로했다.

하지만 이런 과정이 말처럼 쉬운 것이 아니다. 배우고 익혀도 적용에 있어서 미세한 차이로 지속적인 실패와 좌절을 겪으면서 또 도전할 수밖에 없다. 그러면서 실제로 적용해서 행동한다는 것이 얼마나 어려운 일인지를 또한 알게 되었다. 실패는 수없이 배우고 익히며 '앎'을 향해 나아가게 한다. 하나씩 알아 나가는 기쁨이 나에게 희망과 살 수 있다는 자신감을 조금씩 주었다.

결국은 내가 만들어 낸 시련이다. 이를 발판으로 해서 더욱 높게 비상할 것인가, 아니면 이 절망 속에서 생존만을 유지해야 할 것인가. 그 선택은 오직 내 자신의 열망과 의지에 달려 있다고 내 마음 깊은 곳 어딘가의 내가 나에게 속삭였다. 이 상황은 어린 시절부터 동경해 온 '한계를 넘고 싶다'는 내 꿈과 열망이 만들어 낸 상황일 것이다. 그렇다면 지금 나는 죽을 각오를 해야 한다. 진정으로 이 죽음의 상황을 극복해 나의 한계를 넘어 나는 성장하기로 결정해야 했다.

하지만 아직도 여전히 살아 있다는 것만 간신히 인식될 뿐 몸은 전혀 움직여지지가 않는다. 이런 상황에서 부활을 꿈꾸며 존재를 유지하는 것만으로도 나는 힘이 들었다. 그래도 나는 부활할 것이라고 내게 계속해서 말하며, 남 몰래 부활을 꿈꾸었다. 내게 유익하다고 느껴진 성현들의 말씀들을 외우면서.

　그러나 알 수 없는 힘으로 스스로 무장하고 있는 분노는 수시로 나를 공격했다. 마치 누군가가 바늘로 온몸을 쿡쿡 찌르는 듯 극심한 고통이 늘 내가 처한 상황을 일깨웠다. '사람의 힘은 자신의 약점에서 나온다'는 말이나 '와신상담(臥薪嘗膽)'이라는 말을 이렇게 온몸이 늘 깨우쳐 주었다.

　젊은 시절의 나는, 육체적인 면에서 힘들고 험한 일을 하기 싫어했다. 몸 움직이는 것을 별로 좋아하지 않았다. 그저 책보기 등을 비롯해 눈으로 보는 것을 즐기고, 그런 것들이 주는 자극을 소재로 공상을 즐겼다. 그런 내게 처절함을 가득 싣고 찾아온 실패의 상황은 저절로 '와신상담'의 삶을 살게 했다. 사람은 안일함과 따스함 속에 있으면 저절로 나른하게 잠이 들게 된다는 말이 맞다. 실패로 죽음의 상황을 겪고, 자극을 받으면서 고통을 통해서야 나는 비로소 내가 원하던 것들을 배울 수 있게 되었다.

　나는 없는 용기를, 내 어딘가 깊고 깊은 곳에서 끌어내 나를 지탱시켰다. 그리고 나의 기지를 총동원해 현실을 직시하고, 나 자신의 무지를 깨닫게 되었다. 그렇게 자만의 망상에서 깨어나, 진정한 나의 꿈인 '부활'을 이루어 내는 과정을 통해 제대로 된 학습과 내가 할 일을 알게 될 것임을 알아차리게 되었다. 그것이 내 삶에 부여된 미션이라고 나는 느꼈다.

연금술사가 되는 길

그렇지만 그렇게 지독한 인내를 해 가며 나를 가다듬어 가면서도, '내가 진정 살 가치가 있는가'라는 질문이 계속해서 나를 괴롭혔다. 그러면서 나는 내 속에 가득 찬, 하고 싶은 이야기들을 느끼게 되었다.

'내가 겪은 일을 그냥 쓰기만 하면 돼. 실제로 일어난 일을. 입까지 가득 찬 이야기들을 뱉어 내기만 하면 돼. 아무도 믿지 못하는 일이지만 그게 내가 겪은 일인데.' 이런 생각들이 내게 또 하나의 꿈과 삶의 희망을 주었다.

실패의 고통은 내게 많은 콘텐츠를 잉태시켜 주었다. 마치 동서고금을 막론하고 전쟁을 통하여 많은 문학작품이 태어났듯이 내게는 출산을 기다리는 콘텐츠가 길게 줄지어 서 있다.

파괴와 상처, 아픔과 고통, 두려움과 공포, 상실과 이별 등이 어우러진 전쟁. 좌절의 처절함을 만들어 낸다. 그러나 한편으로는 파괴된 폐허 속에서도 싹트는 풀처럼 작은 희망의 위대함을 느끼게도 한다. 그리고 '감사함'을 경험하게 한다. 그런 경험이 두뇌에 정신자원을 만들어 낸다.

처절함이 클수록 그 경험들은 새로운 시각에 의해 많은 가치로 창출된다. 때로는 절실함이 살아가는 힘이 되나 보다. 안전함이 존재하지 않을 때, 매 순간의 삶은 더욱 생생하게 마음 판에 각인되기 때문일 게다.

인류 역사상 가장 많은 인명과 재산 피해를 남긴 참혹했던 전쟁은 제2차 세계대전이다. 전사자는 약 2,500만 명, 민간인 희생자도 약 4천만 명에 달하는 등, 전쟁의 피해는 극심했다. 그런 삶을 살아 낸 사람들에게는 오직 '지금'이라는 순간만이 있었을 것이다. 지금 이 순간에는, 오로지 생존의 절절함만이 있었을 것이다. 그들에겐 지나간 일도 '지금'에 없었고, 앞으로 다가올 미래도 없었을 것이다. 생존을 위해 몸의 감각도 예민하게 활동했을 것이다. 두려움과 고통을 통해 자신이 왜 이러한 상황에 있는지, 누구인지, 왜 이곳에 존재하는지, 어떻게 살아 낼 것인지 등을 발견해야 했기 때문이다. 그러한 것들이 인류의 정신자원이 되었을 것이다. 나의 실패는 내게 이런 것들을 느끼게 해 주었다.

애송이 삶을 청산

조금은 마음이 가라앉으며 내가 왜 이런 경험을 하는지 차분히 생각하게 되었다. 그때 내게 떠오른 생각이 나비의 완전변태였다. 살고 싶은 나의 열망이 내게 유리한 생각들을 가져다주었다고 본다. 이제 과거의 추억에 사로잡히지 않고 나 자신의 새로운 삶을 자유롭게 만들어야 했다. 나는 예전과 지금, 여전히 같은 사람이기 때문이다. 하지만 전과 똑같은 모습으로 세상을 살아갈 수는 없었다. 내 어제의 삶이 오늘을 만들었다. 그렇다면 나는 오늘, 어제와는 다른 나로 다른 삶을 살아야 했다.

나비는 알에서 애벌레로, 그리고 번데기에서 성충인 나비가 된다. 전혀 형체가 다른 변태(變態)의 과정을 거친다. 열심히 성장하던 나비의 애벌레는 때가 되면 번데기가 될 적당한 자리를 찾고, 또 한 번의 변태로 죽음의 과정에 들어간다. 이 죽음의 과정인 번데기란 완전변태(完全變態)

를 하는 나비의 유충기(幼蟲期)와 성충기(成蟲期) 사이의 정지적 발육단계를 말한다. 이 과정에서 애벌레를 구성했던 조직은 퇴화되면서 성충인 나비의 형질이 만들어진다. 그동안에는 먹이를 먹지도 못하고 대개 운동도 하지 않는다. 안 먹었으니 배설도 당연히 하지 않는다. 그렇게 대부분 겨울을 나고 봄이 되면 나비로 부활한다.

나비처럼 나도 부활하고 싶었다. '보기도 좀 흉했던 애벌레의 모습에서 상상할 수 없던 그런 모습으로 변환할 수 있다니!' 이것이야말로 내가 해야 할 일이다. 이런 열망이 죽음을 통하여 완전변태를 이룰 수 있다는 생각으로 발전했고, 나는 온전히 죽음으로써 제대로 된 존재로 부활할 것임을 믿기로 결정했다. 예전과는 다른 사람이 되어야 했기 때문이다.

나는 내가 살아온 삶에서 고등학교 다니던 시절까지를 '알'의 상태로 생각하기로 했다. 내가 알의 상태였을 때 나는 주로 책을 통해 세상을 그리고 많은 것들을 머릿속에 그렸다. 어른들을 보며 관찰자로서 내 삶을 꿈꾸었고, 내가 만들고 싶은 '나'를 그리는 작업을 했다.

알에서 나온 애벌레는 빠른 속도로 자라는데 보통 4번의 탈피과정을 겪으면서 큰다. 허물을 벗을 때마다 일령씩 더해 가는데 종령이 될 때까지 크기만 자라는 것이 아니라 색채나 무늬도 변한다.

나도 그렇게 허물을 벗으며 자랐다. 연구소에 들어가 컴퓨터 프로그래머가 되었고, 창업을 했다. 사업의 규모를 키우며, 소프트웨어 하우스에서 콘텐츠 분야로, 출판과 포털 사이트 사업까지 내가 하고 싶은 방향으로 진화를 나름 했다. '어른'이라는 옷을 입고는 애벌레가 아닌 성충이라 여기며 제법 열심히 살았던 모습이다. 하지만 나는 열심히 자라던 애벌레일 뿐이었다. 나의 몰락은 애벌레로서의 끝일 뿐이었으며, '어느새 번데기로 변화할 때가 되었을 뿐'이라고 나를 위로했다.

하지만 그래도 무너져 내린 내 처절한 삶의 상황을 쉽게 받아들일 수가 없었다. 받아들여도 그 다음에 어떻게 해야 하는지를 몰랐다. 확실하게 죽어 이 세상과 하직을 하고 싶지만 그것도 방법을 몰랐다. 신이 나를 버렸다고 원망할 수도 없었다. 내 잘못임을 알았기 때문이다. 나의 부족함에, 나를 스스로 용서할 수가 없었다. 광야에 나 홀로 버려진 느낌에 견딜 수가 없었다. 그러면서 애벌레인 나는 죽어 갔다.

애벌레가 사는 세상은 2차원의 세상이다. 애벌레는 한계적 상황에서 항상 몸을 뭔가에 의지하고 산다. 나무든 땅이든 뭔가 의존하지 않으면 장소 이동이 불가능하다. 하지만 나비는 3차원의 세상을 산다. 환골탈태한 나비는 몸을 무엇인가에 의지하지 않고 자유의지로 공간을 이동한다. 비로소 한계적 상황을 벗어난 자유로운 존재라는 본연의 목적을 이루게 된다.

내가 할 일은 나의 처절한 실패로 인한 죽음이, 애벌레로서의 죽음이며 번데기가 되는 과정으로 인식하는 것이었다. 그 기간을 나의 내면에서 죽음과 부활의 과정이 서서히 진행되는 시기로 만들어야 했다. 번데기는 애벌레인 유충과는 현저하게 다르다. 나는 이것을 인정해야만 했다. 그전의 삶의 태도와 보고 배우며 잘못 이해한 것들을 찾아내 버려야만 했다.

유아기를 버려야

필요한 것을 얻기 위해 울고 떼쓰는 것이 아마 어린 아기의 삶일 것이다. 하지만 나는 어려서도 이런 유아의 삶을 제대로 살아 보지 못했다. 천성이 그랬다. 그래도 나는 어린아이였을 뿐이었다. 평생 내 속에 숨어 있던 어린 유아의 형질이, 나의 처절한 상황에 겉으로 튀어나왔다. 어린아이가 된 나는 절대자에게 분노하며, 울고 불며 떼를 썼다. 하지만 내가 선택한 삶을 위해서는, 그런 유아의 삶을 마감하고, 진짜 세상을 이해하고 스스로 주도하는 삶을 살아야 하는 어른으로 나는 성장해야 한다. 위기에 빠진 지금을 삶의 선물로 받아들여야만 했다. 나는 이를 어떻게 사용할 것인가를 다시 생각하게 만드는 힘겨운 도전을 만나고 있다고 어린 나를 내가 달랬다.

자신의 힘을 믿지 못하고, 타인의 견해에 의존하면 자신의 진정한 본성과 분리된다. 그것이 내 실패 요인 중의 하나이다. 그래도 타인이나 다른 어떤 힘에 의존하면 슬픔에서 벗어날 수 있다는 생각을 여전히 갖고 있었다. 그런데 그 어떤 것으로도 문제는 해결되지 않았다. 기대했던 마술, 동화 '키다리 아저씨'나 '소공녀'에 나오는 그런 마술을 절대자는 내게 베풀지 않았다. 나는 내 깊은 그 어딘가에서 힘을 길어 올려야 했다. 그래서 내 깊은 곳을 탐색하다, 가만히 숨어만 있던 용기와 나의 낙천성을 조금 찾아내었다. 비로소 진정한 내가 될 수도 있다는 희망을 조금 보게 되었다.

하지만 이런 작은 변화가 가만히 앉아 있는 내게 주어진 것이 아니다.

열심히 구하고 찾았기에 주어졌다고 믿는다. 그렇다고 거리를 헤매거나, 사람 사이를 누비며 찾지 않았다. 그랬다면 먹을 것을 찾아 헤매는 하이에나 같은 초라한 느낌으로, 나는 더욱 위축되었을 것 같다. 나는 무슨 힘에 이끌리듯 내게 살길을 제시해 줄 것이라고 믿은 비급인 성경을 들이파면서 희망의 싹을 얻게 되었다. 그리고 그런 나를 위로해 주는 책들을 벗 삼아, 내 내면의 탐색작업을 본격적으로 하게 되었다. 그리고 발굴작업을 통해 내가 얻고자 하는 것들이 조금씩 내게 주어졌다.

갈매기의 꿈

그때 오랜만에 『갈매기의 꿈』[1](리처드 바크)이라는 책을 다시 만났다. 감동으로 읽었었지만 오랫동안 잊고 있던 책이었다. 하지만 내가 필요한 시기에, 이 책은 한 친구의 손을 통해 나를 찾아왔다. 나의 절절한 마음이 책을 부른 것같이 지금도 느껴진다.

나는 다시 『갈매기의 꿈』을 보고 또 보았다. 이때 주인공인 조나단 리빙스턴이 바로 나인 것처럼 느껴졌다. 나는 그렇다면, 그 갈매기를 나와 동일시하기로 결정했다. 그를 나의 모델로 삼았다. '그래 나도 조나단처럼 하고 싶은 일을 하자', 새롭게 각오를 다졌다. 그리고 그가 수없이 연습에 연습을 거쳐 하나씩 비행기술을 익히듯이 나도 하나씩 연습하고 또 연습하고, 실패하고 또 실패를 통하여 제대로 된 비행기술을 익히는 것이 맞는 것임을 재차 확인했다.

갈매기 조나단이 우리가 늘 하는 질문인 '먹기 위해 사느냐', '살기 위해 먹느냐'라는 질문에 명쾌한 답을 주고 있다. 리처드 바크는 주인공 조나단을 통해 '자신이 하고 싶은 일을 위해 먹는 것'이라는 답을 주었다. 그는 또 조나단을 통해 "내 말을 들어 주세요, 여러분! 삶을 위한 의미나 삶의 더 높은 목적을 발견하고, 그것을 수행하는 그런 갈매기야말로 가장 책임감이 강한 갈매기가 아닐까요?"라는 명제를 인류에게 주었다. 여기에 나는 '맞습니다. 내 삶의 의미와 무언가 더 높은 목적을 발견하고, 그것을 수행하는 책임감 있는 인간이 되겠습니다'라고 감동으로 대답했다.

그렇게 나는 내가 마치 조나단이 자신의 꿈을 좇아 갈매기 세상에서 쫓겨났듯이, 이 세상에서 쫓겨났다고 여기기로 했다. 내 애벌레로서의 무모한 삶을 빨리 끝내야 했다. 나는 세상에서 쫓겨난 것이, 나라는 애벌레의 죽음이라 여기고 온전히 죽고자 했다. 죽어야 다시 살아날 수 있기 때문이다.

나는 죽어서 다시 태어나기 위한 주교재로 『성경』을, 부교재로 『갈매기의 꿈』을 가슴에 품고 번데기가 되어 갔다.

무협소설의 주인공으로

나는 중학교 3학년 무렵부터 나이 30까지 엄청나게 무협소설을 읽었었다. 물론 지금도 가끔 기회가 되면 읽는다. 그리고는 소설 속의 주인공이 되어 본다. 한결같이 주인공들은 초반에 이유야 어쨌든 남들이 다 죽었다고 인정하는 그런 상황에 빠진다. 대체로 나는 새도 한 번 들어가면 못 나온다는 그런 깊은 절곡(絶谷)으로 떨어진다.

주인공은 며칠이 지나면 깊은 아픔 속에서 깨어나고, 다시 혼절한다. 그러다 의식이 조금 돌아오며, 몸을 끌고 물소리 나는 곳으로 기어가 물을 손에 묻혀 입에 떨어뜨린다. 그런 물은 사람을 환골탈태시키는 영약. 아무도 오지 못하는 곳이기에 온갖 약초와 열매가 웅덩이에 떨어지고 수많은 세월이 모여 신묘한 약이 된 것이다. 그렇게 몸을 치유하고 움직이게 되면서 대개 수백 년 전 무림에서 갑자기 사라졌던 어느 절정 고수가 남긴 글과 그가 지녔던 무림 최고의 비급, 그리고 무림 최고의 명검을 만난다.

대체로 기연을 만나는 상황이나 스토리텔링이 다 다르지만, 아무도 없는 곳에서 주인공이 남아 있을 수밖에 없는 상황에 처하는 것은 같다. 그에게는 세상과 격리되어 오로지 자기에게 남겨진 비급을 이해하고 연마하는 데 집중할 시간이 필요하기 때문이다. 이렇게 무협소설의 주인공은 절세의 고수로 성장한다. 세상에서 격리되기 이전의 그와 다시 세상에 나올 때의 그는 같은 사람이라 할 수 없는 존재가 되는 것이다.

나는 나의 상황을 이렇게 이해하기로 결정했다. 무협소설의 주인공처럼 오로지 내가 만난 비급에 대한 이해와 그것을 연마해 나의 것으로 만드는 일에 집중하기로 했다.

PART 2
번데기가 되다

나는 나의 부활을 준비하는 번데기과정을 3단계의 과정으로 설정했다. 우선 애벌레 조직을 퇴화시키는 시기, 그리고 부활할 새로운 존재인 나를 구성할 형질을 형성하는 시기, 그것을 내면화하여 나와 제대로 하나가 되는 훈련의 과정. 이 단계들이 선형적으로 나열된 것은 아니다. 각 단계들이 어느 정도 겹치고 순환하면서 하나의 생각으로, 신념으로 완성되어 갔다.

하지만 애벌레 조직과 의식을 퇴화시킨다고 해서 그것이 없어지는 것도 아니었다. 잠재된 많은 형질 중에서는 새로이 가져야 할 의식과 형질을 찾아내 나의 것으로 만들어야 했다. 그리고 기존에 가졌던 사고와 습관, 패러다임 등은 버려야 했고, 애벌레 의식은 내 깊은 곳으로 가라앉혀야 했다.

처음에는 몰라서 그저 버리고 또 버리는 작업을 했다. 하지만 버리고 뒤돌아서면 그것은 냉큼 다시 내 안으로 들어왔다. 그런 실패를 계속하면서 나는 '버려야 한다'라는 그 생각 자체를 잊게 되었다. 그리고 새로운 의식으로 나를 채우기 위해, 내게 주어진 비급들을 이해하는 공부에 총력을 기울였다.

PART 2

번데기 1단계
―애벌레 조직의 퇴화

버려야 할 기본 패턴, 먹이에 대한 생각
의락
마음의 눈
지금 여기에만
애벌레 조직의 퇴화
고통
진짜 적… 끝없는 회의와 번민
정면돌파

의기를 불태우는 '나'라고 인식하며 살았던 애벌레가 있었다. 자신의 꿈을 이루겠다고 자못 열정을 가지고 달려온 삶이었다. 하지만 그런 애송이로서는 살아남지 못하는 것이다. 불나방처럼 죽음의 불길로 뛰어든 나의 청춘, 나라는 애벌레. 이런 죄책감을 나는 기억 속에 봉인했다. 이제는 그 모든 것이 흘러간 과거의 일에 불과하기 때문이다.

세상물정을 모르는 애송이였기에 나는 무모할 수 있었다. 세상의 무서움을 알지 못했기에 오만하게 살았다. 내가 알게 된 것은 하늘 위에 또 다른 하늘이 존재하고, 모든 것이라고 생각했던 세상 밖에 또 다른 세상이 존재한다는 사실이다.

한없이 작아진 내가 마치 우주 한복판에 버려진 듯, 나는 공허함 속에서 그저 절박한 심정뿐이었다. 모든 것이 무너져 가는 절박함에서 내가 할 수 있는 것은 없었다. 그러니 이제 움직이지 못하는 번데기가 되면서 마음이 흐르는 대로 자연스럽게 내버려 둘 수밖에 없었다.

버려야 할 기본 패턴, 먹이에 대한 생각

내가 움직여야만 먹이를 구하던 애벌레 의식이, 내게 생존의 압력으로 무겁게 전신을 짓눌러 왔다. 전에는 내가 움직여서 먹이를 구해야만 했다. 그리고 먹어야만 살았다. 하지만 이제 나는 움직일 수 없는 번데기가 되어 가는 과정이다. 나는 번데기이니 안 먹어도 되는지 모른다. 하지만 아직 보호받아야 할 나이의 내 딸. 그 아이들을 위해서 나는 여전히 먹이를 구해야 할 것 같았다. '먹여야 한다'는 생각, '먹어야 한다'는 생각을 버릴 수가 없었다.

파산 후에도 나는 나름 열심히 먹이를 구하기 위해 내 모든 것을 던져 중소기업에서 일을 했다. 그러다가 정말로 먹이를 전혀 구할 수 없는 상황으로 내가 나를 몰아갔다. 그나마 내 존재를 유지시켜 주는 나의 중요한 부분을, 먹이를 위해 훼손시킬 수가 없었기 때문이다. '나는 살 만한 가치가 있는 존재'라는 존재감이나 정체성을 버리면 내게 남는 것이 없었다. 어쩔 수 없이 먹이를 구할 수 없는 상황에서 방법이 없으니 나는 '먹여야 한다'는 생각과 '먹어야 한다'는 생각을 버리게 되었다. 정말로 놓기 힘든 끈이었다.

나를 위한 먹이는 내려놓을 수가 있었다. 하지만 아이들의 생존을 위한 먹이 구하는 일을 버리는 것은 내가 한 일 중에서 제일 힘겨운 작업이었다. 내가 할 수 없을 때 그것을 인정하고 '의탁'이라는 뜻을 되새기며 간신히 절대자에게 아이들의 생존을 맡기게 되었다.

　그러면서 내 상황에 대항하지 않아야 한다는 것을 익혀 갔다. 나는 이제, 전혀 움직일 수 없는 번데기로 변해 가고 있으니 말이다. 대항할 수 없으니 오히려 전신을 편안하게 이완시킨 채 자연스럽게 받아들여야 했다. 나 자신을 짓누르는 거대한 힘에 정면으로 대항하는 것은 어리석은 일이다. 때로는 몸을 맡겨 순리대로 흐르게 놔두는 것이 좋다는 것을 비로소 알게 되었다.

　되풀이하고 싶지 않은 삶의 패턴을 극복하는, 내게는 제일 중요한 과정이었다. 그리고 '의탁'이라는 중요한 개념을 배우고 체득하기 위한 힘든 과정으로 나는 들어갔다.

절대자에게 내 아이들의 생존을 맡기면서 나는 '맡겨도 된다'는 것을 비로소 알았다. 나는 성인의 나이가 된 후 내가 움직여서 먹이를 만들었다. 나는 그것이 삶의 원칙이라고 생각하고 살았다. 하지만 방법이 없어서, 절대자에게 내 아이들을 '의탁'하고 그게 됨을 보고서야 나는 '맡긴다'는 개념에 대해 알게 되었다. 내 생존 또한 먹이를 취하지 않아도 번데기처럼 생존이 유지되었다. 나아가 그것은 내게 새로운 힘을 얻게 했다.

그러면서 나는 알았다. 나는 너무 어려서부터 자주 독립적으로 살아왔다는 사실을. 누구도 내게 요구하지 않았지만 나는 그렇게 살아야 하는 것인 줄 알았을 뿐이다. 그리고 20세부터 내가 처한 상황이 내가 먹이를 구해야만 먹을 게 있는 그런 형편으로 바뀌었다. 그래서 정말 열심히 먹이를 구하면서도, 먹이를 넘어 내 꿈을 이루고 싶었다. 그런 나의 실패 요인은 '의탁'을 몰랐고 맡기는 것을 몰랐다는 것이다. 이렇게 내가 움직여야만 된다는 내 생각과 행동의 패턴 하나가 또 버려져야 했다.

'의탁'은 무력감에 의한 포기와는 다른 개념임이 확실하다. 나는 힘들게 절대자에게 의탁함으로써 힘을 얻었다. 그리고 절대자와 내 자신에게 믿음이 생겨났다. 내가 손을 놓아도 된다는 것은 사실 내겐 충격적인 경험이었다. 절대자와 내가, 내 깊은 곳 그 어디에선가 하나가 된 듯한 느낌이었다. 또한 내가 정말 '중요한 존재'라는 존재감이 더욱 커졌다. 내가 이 세상에 있어야만 할 존재이기에 생존이 유지된다는 의미이기 때문이다.

자신이 아무것도 할 수 없는 상황에서 손을 놓는다는 의미로 흔히 쓰이는 단어로 '체념'과 '포기'가 있다. 하지만 이 말은 자신이 아무것도 할 수 없다고 절망한 결과로 자신이 잡고 있던 끈을 놓는 것이다. 그래서 더 큰 절망에 빠지게 된다. 하지만 의탁은 잡고 있던 끈을 그 무엇인가에게 넘겨주는 것이다. 이렇게 절대자이든 하나님이든 부처님이든 무한한 힘에 맡길 때, 그 힘은 나와 하나가 되어 맡겨진 일을 이룬다. 새롭고도 신나는 경험이었다. 또한 그것은 내가 더욱 배우고 경험하면서 강화해 나가야 할 힘이었다.

의탁이라는 경험을 통해 내가 움켜잡고 있던 세상에 대한 생각을 제대로 버릴 수 있다는 생각이 들었다. 세상에 대한 인식 패턴 자체를 버려야 함을 알게 된 것이다.

세상의 진면목을 나는 몰랐다. 물론 다른 사람들도 잘 모르는 것 같다. 진짜를 모르고 만든 세상은 허상이었다. 이제 나는 사람의 겉모습에 현혹되지 않고 진실한 모습을 본능적으로 알아차리는 방법을 알아야 했다. 세상을 눈으로 보기보다는 마음으로 보는 방법을 말이다. 거짓으로 포장된 세상의 위선을 뚫고 진실을 봐야 내가 버릴 것을 찾아내고 진짜를 볼 수 있기 때문이다. 사람들이 하는 자신에 대한 표현은 자신의 생각일 뿐이다. 나는 그 말 그대로 믿었고, 나 또한 그랬다. 내가 생각한 내가, 나라고.

　절대자는 애벌레인 내게서 삶을 가져갔고 번데기의 과정을 이루어 낼 수 있는 마음의 눈을 주었다. '의탁'이라는 경험을 통해 내 의식의 변환 방향이 획기적으로 잡혔다. 그렇게 주어진 마음의 눈[心眼]을 바탕으로 자그마한 기적이 만들어지고 있었다. 나는 눈에 보이는 것이 믿을 수 있는 것이 아니란 사실을, 이미 어린 시절부터 알았다. 하지만 이제야 깨닫고 있었다.

　이렇게 '안다는 것'과 '깨닫는 것'은 다른 것임을 다시 깨우쳤다. 한 치 앞도 내다보이지 않는 번데기로, 움직일 수 없는 존재로, 믿을 수 있는 것은 오직 나 자신의 감각뿐이다. 이제 그 감각으로 전에 알았던 지식을 되새김하면서 깨우치는 일이 내게 남은 일이라고 여겼다.

　전에 잘 안다고 여겼던 편견은 나의 자유로운 사고를 방해했다. 선입견을 가지고 있으면 사물을 있는 그대로 보지 못하기 때문이다. 그래서 세상을 오해하고 착각한 것이다. 그런 편견으로 삶의 밑바닥에 흐르는 단순한 진리들을 놓쳤다. 삶은 복잡하지가 않다. 복잡하다고 생각했기에 복잡했을 뿐이다. 그런 생각이 세상과 사람에 대해서 충분히 안다고 생각하게 했고, 이는 나의 두려움과 불안, 그리고 내 기대심리가 만들어 낸 허상이었을 뿐이다.

　그런 허상들을 애벌레로서 죽어 가며 버려야 했다. 이제 번데기로 형태가 바뀌어 가면서 내 삶의 과정을 깨우쳐 알게 되었다. 나는 나비가 되기 위해서 애벌레로서 열심히 살았을 뿐이다. 이제 자책은 필요 없다. 열심히 살아왔던 애송이, 그 삶이 파괴되는 것은 당연한 일이다. 어찌 보면 다음 단계로의 진행을 할 수 있는 축복의 기회이기 때문이다.

번데기는 먹지도 않는다. 그래서 절대자에게 의탁했고, 마음이 조금 놓이기도 했다. 하지만 나는 먹어야 한다는 의식에서 여전히 자유롭지 못했다. 작은 돈이 필요할 때는 이미 겪은 경험을 바탕으로 여유를 가진 듯 행동했다. 하지만 아이에게 꼭 필요하다고 생각되는 큰돈이 요구되면 나는 온전하게 번데기가 될 수가 없었다. 내가 어찌해야 할 재주도 없으면서 말이다.

이렇게 그 어떤 순간에도 인간은 '먹어야 한다'는, 그 느낌은 내게 고소(苦笑)를 머금게도 했지만, 한편으로는 '살아 있다'는 느낌도 주었다. 그런 인식 자체가 고통이었다. 그러면서도 몸의 으스러질 듯한 고통과 배고픔이 나에게 '살라'고 명령했다.

그렇게 나는 무엇인지 모르지만 살아야 한다는 열망으로 움직여지지 않는 몸을 끌고 먹을 것으로 보이는 것을 먹었다. 그러니 쉽게 번데기로 전환도 할 수 없었다. 그런 내가 선택해야 할 것은 '지금'뿐이었다. 내일은 난 모르고, 그저 오늘 하루 살 뿐이었다. 아무런 대책도, 생존 수단도 없는 내 앞에 놓인 그 순간, 여전히 살아 있음에 감사할 수밖에 없었다.

하지만 제대로 버려지지 않은 애벌레 의식은 나에게, 내가 직면하고 있는 상황을 보도록 요구했다. 그리고 먹을 것을 찾아 헤매도록 명령했다. 하지만 생존을 위해 헤맬수록 나의 행색은 초라해졌고, 나의 꿈은 모호해져 갔다. 애벌레로서의 죽음을 나는 받아들일 수가 없었다. 하지만 애벌레가 그저 초라한 모습으로 번데기로 변환하지 못하고 죽을 수도 있다는 위기의식이, 더 이상 망설일 시간이 없음을 내게 경고했다.

번데기가 되기로 확실한 결단을 내려야 했다. 애벌레가 나비로 환골탈태를 위해 한곳에 고착된 정지적 발육단계인 번데기가 되듯이, 나도 나의 생존을 이 우주에 맡기고 애벌레 의식을 정리해 버리기 시작했다. 혼란스러운 애벌레의 의식이 정리되어 가며 조금씩 퇴화되기 시작했다. 그렇게 인간은 '지금' 이 순간 '여기'에만 있으면 된다는 것을 확실히 나의 의식 속에 집어넣었다.

 실패예찬_애벌레가 번데기를 거쳐 나비가 되기까지

애벌레 조직의 퇴화

내가 실재(實在)의 세상이라고 생각했던 것은 그림자 세상이었다. 그림자들과 실재하는 것들이 공존하는 세상. 수많은 전략들과 나름의 모략들이 판을 치는 것 같다. 마치 강호의 무림처럼 치열한 세상인 듯하다. 하지만 강호의 무림처럼 실재가 아닌 세상이었다.

산을 오를 때 우리는 산 전체를 볼 수 없다. 그저 자신이 올라가는 길만 보기에도 급급하기 때문이다. 과거에 나는 열심히 산을 올라 언덕 위에서 이 세상을 보고, 이해했다고 생각했다. 하지만 나는 산 정상의 그림자를 밟고 있었을 뿐이었다. 극히 일부분의 삶을 전부인 양 생각했다. 바로 거짓된 세상, 그림자 세상을 산 것이다. 마치 애벌레가 3차원에 살듯이 열심히 누빈 세상이, 나비가 날아다니는 온전한 3차원의 세상이 될 수 없듯이 말이다.

그러나 산 정상에 오르면 다르다. 자신이 올라온 길뿐만 아니라 수많은 길들과 골짜기, 그리고 또 다른 정상을 볼 수 있다. 산 정상에 서서 세상을 굽어본다. 더 높은 다른 정상을 치켜본다. 세상의 광활함을 이해하고, 겸손을 배울 수 있다. 그것이 진짜 세상이다. 새로운 시각을 갖게 되고, 넓은 시야의 주인이 된다. 아마 이것이 나비가 세상을 날면서 볼 수 있는 진짜 세상일 것이다.

이렇게 잘못을 인정한다는 것은 새로운 꿈을 창조하기 위해 지나간 시절의 자아상과 가치관, 세계관을 버리는 것을 의미한다. 고통을 통해 내가 왜 이러한 상황에 있는지, 내가 누구인지, 내가 왜 이곳에 존재하는

지, 어떻게 살 것인지 등을 알게 되는 것이다.

이제 비로소 내 자신과 진실하게 대면하여 새로운 출발점으로 나아가게 되었다. 이 세상에 단 하나뿐인 나만의 진실한 자아를 찾고, 그에 따른 비전을 설정하고 삶의 과제를 새롭게 만나는 것이다. 그리고 나는 스스로를 제한했던 한계를 깨뜨리기 위해 기존의 모든 것을 버리는 힘겨운 과정에 있을 뿐이다. 이렇게 나 자신을 설득하고 격려했다.

하지만 매 순간 그렇게 생각해도 내 안에 깊이 숨어 있는 두려움은 분노와 무력감으로 변질되어 늘 내 감정을 건드렸다. 허탈감과 죄의식이 삶을 지속할 의욕마저도 자꾸 빼앗아 간다. 이런 감정들은 철저히 감시를 해도 수시로 삐져나와 나를 자극했다.

고통

고통이란 사람이 아픔이나 괴로움을 느끼는 것을 말한다. 고통을 느낀다는 것은 아직 내게 살아 있는 감각기관이 있다는 말이 된다. 부족한 존재임을 인정했을 때 학습으로 부족함을 채우고자 하는 욕구가 생기듯이 고통도 인정해야 해결책을 찾을 수가 있음을 나는 알아차렸다.

나는 내가 견디기 힘든 고통 속에 있음을 인정했다. 하지만 고통에 사로잡혀 포로가 되면 안 된다는 것도 알게 되었다. 포로가 된다는 것은 내가 고통 그 자체가 되는 일이었다. 내가 고통스러운 것은 당연한 일임을 인정함으로써 견디기 힘든 고통에서 벗어날 길을 연구하게 되었다. 이렇게 고통을 고통으로 인정하는 것은, 이미 고통에서의 탈출을 위한 탐색 작업을 시작했다는 말이 된다.

인간은 스스로 삶을 포기하지 않는 한, 생존은 지속될 수밖에 없다. 번데기가 먹지도 움직이지도 않으면서 삶을 유지하는 것과 마찬가지이다. 번데기의 과정은 한 단계의 죽음을 의미하며, 또 다른 생명체의 부활을 의미한다. 나 역시 죽음의 상태에서 삶을 유지하며 내 의식에서 철저하게 기존의 존재감을 없애야 했다.

죽음의 나락으로 떨어지던 당시의 분노와 절망에 사로잡혀 나의 신념을 무너뜨리면 내 삶이 파괴된다는 것을 나의 내면에서 그 무엇인가가 알려 주었다. 그대로 방관하는 것이 아니라 내가 나를 관리해야 했다. 나의 가장 큰 적은 바로 나 자신이었다.

어떤 고통이라도 또 어떤 재난이라도 내가 허락하지 않는 한 내 삶의 이유를 말살하지는 못한다. '나는 나의 고통을 통제할 수 있다. 그런 힘을 가졌다'고, 나는 번데기가 되어 가며 지속적으로 내게 말을 해 주었다.

그러면서도 나는 내가 무엇을 하는지 의식적으로 깨닫지 못하고, 그저 이 위기에서 나를 꺼내 줄 막연한 힘을 추구하기도 했다. 그러다 내가 겪는 위기에서 내게 주어진 삶의 축복을 발견하고 체계화를 하게 되었다. 이러기까지는 많은 시간이 흘렀다. 자신을 과대평가해서는 절대 안 된다.

 진짜 적─끝없는 회의와 번민

번데기의 삶으로 변환하는 것은 나로서는 공백기간을 갖는 것이고, 그 기간을 잘 보내는 일은 매우 중요하다고 이해했다. 하지만 그 기간을 살아 내는 것은 말처럼 그리 쉽지가 않았다. 생존에 대한 두려움이 수시로 나를 자극했다. 거기에 수시로 사라지는 내 존재감을 통제해야 했으며, 무너지는 나의 정체성도 챙겨야 했다. 그래도 나는 내가 단지 세상 밖에서 잠시 쉬는 것이지, 삶 전체를 잃은 것은 아니라는 점을 늘 기억했다. 아니, 기억한 것이 아니라 내게 수시로 얘기해 줌으로써, 완전히 잊어버리지 못하도록 했다.

나는 앞에서 이미 힘을 얻은 듯이 말했고, 정체성도 확립하고, 존재감도 점점 더 커지는 듯이 말했다. 하지만 이런 것들이 계속적으로 유지되거나 점점 커지기만 하는 것은 아니다. 무술을 연마하듯이, 악기를 배우는 학생이 꾸준히 연습하듯이 지속적인 실수와 좌절을 통해 정말 조금씩 조금씩 나의 것이 되어 갔다. 조급함으로 알아차리기도 힘든 그 '조금씩'에 나는 지속적으로 좌절을 하곤 했다. 하지만 나의 내면에 있는 그 무엇인가가 나를 잡아 주었다.

그러면서 조급한 마음에 과거와 똑같은 패턴대로 움직인다면 더 심각한 문제에 부딪힐 수 있다는 것도 알아차렸다. 고통을 속성으로 해결하고자 하는, 내게서 일어나는 반사적 충동. 그것이 나의 생명력을 억제하고, 나를 죽음의 상태에서 영영 벗어나지 못하게 할 수도 있음을 알았다. 하지만 그 반사적 충동은 계속해서 나를 괴롭혔다.

성숙하고 건강한 삶을 꿈꾸는 나는, 필요하지 않은 자아의 일부를 버리고 새로운 것을 창조해야 한다. 그러니 당연히 그 변화는 격렬한 것이라며 나를 위로하고 또 위로하기 위해 각종 깨달은 분들이 남긴 책들을 뒤졌다. 어떤 사람들은 조용하고 자연스럽게 내적 변화를 경험하리라 본다. 하지만 나는 상실의 과정과 부활을 준비하는 과정이 격렬했고 너무나 힘들었다.

나의 감정은 늘 파도처럼 일렁거렸다. 고통과 두려움, 분노와 슬픔에 사로잡힌 감정을 정리하는 과정이 번데기로서 내가 해야 할 제일 우선적인 일이었다. 내 마음의 평화를 좌우하는 것은 오직 나 자신뿐이기 때문이다. 나는 외부로부터 영향을 받지 않도록 내 마음을 보호해야 했으며, 몰려오는 두려움에서 나의 평화를, 내가 지켜내야 했다.

두려움은 내 인생을 갉아먹었다. 그 두려움을 완전히 떨쳐 버릴 수는 없다. 하지만 그것을 추진력으로 내가 앞으로 나아갈 수 있다고 여겼다. 두려움이 공포스럽게 무서워서, 두려움을 벗어나려는 일에 집중할 수 있기 때문이다. 어쨌든 내가 직면하고 있는 문제는 부정적인 생각만 일삼는 낡은 습관을 깨고, 어떤 일이 일어나든 '충분히 내가 해결할 수 있다'고 생각하도록 나 스스로를 훈련시키는 것이다. 이렇게 두려움과 고통은 적이 아니다. 진짜 적은 마음속에 웅크리고 있는 끝없는 회의와 번민일 뿐이다.

정면돌파

　삶의 희망이, 그래도 조금은 편안하게 나라는 애벌레의 죽음을 결정하게 했다. 이제 애벌레가 죽고 번데기가 되었다. 애벌레의 조직들을 퇴화시키면서 나의 마음은 명경지수처럼 맑아지기 위한 과정에 들어섰다. 나 자신을 아주 조금은 관조할 수 있었다. 더 이상 고통과 마음의 갈등으로 괴로워하지 말아야 했다. 오로지 버리는 과정에 몰두해야 했다.

　하지만 그래도 여전히 작은 자극에도 나의 마음은 요동을 쳤다. 그런 나에게 너그러워지려고 나는 노력했다. 살고자 하는 나의 생존본능이 그렇게 인도했다. 뒤돌아 도망쳐서는 두려움에서 완전히 벗어날 수 없다. 두려움의 극복은 정면으로 맞설 때만 가능하다. 결국 두려움에서 벗어나려면 나 스스로 그것을 마주 볼 수 있어야 한다. "정면 돌파를 해야 한다. 나는 두렵지 않다." 끝없이 나에게 얘기했다.

번데기 2단계
—나를 디자인하다

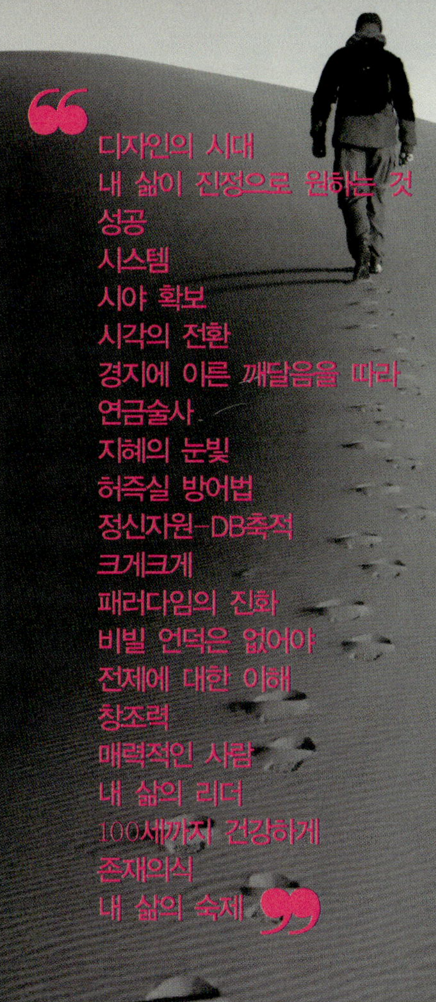

내가 책에서 만난, 깨달은 모든 선각자들이 꿈을 꾸었다. 세상은 꿈꾸는 사람들에 의해 진화되어 왔다고 확신한다. 꿈으로 내면에서 보이기 시작한 그림은, 행동에 옮겨짐으로써 볼 수 있는 이 세상에 드러나게 된다. 나도 이제 자신감으로 번데기 껍질 속에서 웅크리고 다시 꿈을 꾼다. 나비가 되어 세상을 날 수 있는 나를 만들어 나가는 꿈. 나비의 형질을 만들어 갈 수 있는 적극적인 꿈을 꾸어야 했다. 그리고 아주 세밀한 부분까지 디자인해야 했다.

꿈을 꾸고 이를 적극적으로 실천한 『갈매기의 꿈』의 주인공 조나단은 다음의 말과 함께 갈매기 사회에서 추방당한다.

"조나단 리빙스턴, 너도 언젠가는 깨닫게 될 것이다. 무책임한 행위는 보상받지 못한다는 것을. 우리의 삶은 알 수 없는 것이다. 우리가 알 수 있는 것은 다만 우리가 먹이를 찾고, 가능한 한 오랫동안 살아남도록 이 세상에 보내졌다는 것뿐이야."

하지만 조나단은 "그러나 지금 우리는 삶의 목적을 갖게 되었습니다.

배우는 일, 발견하는 일, 그리고 자유로이 되는 일이 그것입니다! 그러니 제가 발견한 것을 여러분 앞에 보여 줄 수 있는 기회를 주십시오"라고 외쳤으나 갈매기들은 '동포의 인연은 끊어졌다'며 등을 돌렸다.

무협소설의 주인공처럼 그는 홀로 세상과 격리되어 오로지 비행 연습에만 몰두한다. 그러면서 그는 무협소설의 주인공처럼 세상에서 구하는 그런 먹이가 아니라 싱싱한 물고기를 먹는다. 해면 10피트 아래에서 떼 지어 다니는 물고기를 쉽게 발견하게 되었기 때문이다. 그러고는 갈매기의 일생이 그토록 짧은 것은 권태와 공포와 분노 때문이라는 걸 발견한다.

나의 모델인 조나단을 따라, 나도 홀로 나 자신을 새롭게 창조하고, 3차원의 세상을 훨훨 날 수 있는 나를 디자인해야 했다.

디자인의 시대

　요새는 디자인의 시대라고 말한다. 몸매도 얼굴도 디자인하는 시대이다. 당연히 나도 내가 되고 싶은 모습을 확실하게 디자인해야 했다. 전에도 물론 내가 디자인한 내가 있었다. 하지만 이 디자인이 모호하고, 모순되는 것들도 있었고, 현실과 일치시키지를 못했다. 그저 막연히 현모양처가 되고 싶었으며 자기 주도적인 멋있는 인간이 되고도 싶었다. IT기업을 창업하면서는 'Dream Factory'를 만들고 싶었다. 이런 모호함이 내 기준이다 보니 당연히 선택이 제대로 될 수가 없었다.

　한 인디언 부족의 속담에 이런 것이 있다고 한다.

"네가 태어났을 때 너는 울었지만 세상은 기뻐했다.
그리고 네가 죽을 때 세상은 울겠지만
너는 기뻐할 수 있는 그런 삶을 살아야 한다!"

　내가 되고 싶은 인간을 정확하게 그린 것 같다. '그런 삶'은 삶의 구경꾼으로서는 만들어 낼 수가 없다고 느껴졌다. 삶에 대해 근본적인 목표가 있다는 것은, 체득된 지혜에 의한 삶의 기준과 중심이 잡혀 있다는 말이기 때문이다. 나는 위의 속담처럼 기쁘게 삶을 마감할 수 있는 사람이 되기 위하여 많은 생각을 했다.

내 삶이 진정으로 원하는 것

어떤 사람들은 진정한 인생의 목표에 대해 통찰을 얻은 후 그것이 결코 흔들리지 않는다. 하지만 나와 같이 대부분의 사람들은 갈팡질팡한다. 그러나 변덕스러워 보이는 그 과정에서도 우리는 자신을 삶의 궁극적인 목적지로 이끌어 주는 표지판을 발견할 수 있다. 우리의 마음속에서 반복되는 생각이나 공상, 어떤 이미지나 기억, 꿈 등이 단서가 될 수 있다. 그러나 이것은 각자의 마음속에서 내밀하게 일어나는 것이니 자신만이 알아볼 수 있다.

우리를 강하게 끌어들였던 소설이나 영화의 장면, 마음에서 오랫동안 지워지지 않는 누군가의 말, 어린 시절에 좋아했고 그 후에도 항상 생각나는 어떤 놀이, 혼자 마음에 품고는 혼자 가끔 꺼내보던 갈망, 자꾸 되풀이되는 꿈, 이 모든 것들이 삶의 소명을 우리에게 알려 주는 단서들이다.

우리가 이번 생에서 꼭 해결해야 할 과제 중에는 알면서도 시도하지 못했던 것도 종종 있다. 내가 생각했던 내 삶의 과제도 그랬다. 나의 상상, 내가 좋아하는 단어들이 나의 과제를 내 깊은 곳에서 알려 주었다. 하지만 나는 그것을 못 들은 체하였다. 하지만 내 삶의 과제를 수행할 수밖에 없는 운명을 처절한 실패를 통해 만났다. 나는 그런 삶, 그 자체에 경이를 표할 수밖에 없었다.

우리는 모두 무엇인가 내면에 진정 원하는 것을 갖고 있는 것 같다. 그런 내면의 소리를 나처럼 무시하면, 그것을 이루기 위해 외적인 사건이 발생해서 인생의 진로를 바꿀 수밖에 없게 한다. 그렇게 일어나는 자신에 대한 인식의 변화는 삶을 도약시키는 자극제가 되는 것이 분명하다. 나는 나의 참담한 좌절 속에서 진정한 나를 발견했다. 그리고 내 깊은 곳의 소리를 따르며, 내 삶에서 부활을 꿈꾼다. 그리고 이를 방해하는 장애물들을 극복하는 일에 집중하며 인내를 하고 있다. 내게는 참 길고 긴 시간이었고, 앞으로도 계속될 것 같다. 하지만 극복해야 할 과제가 많다 보니 시간은 참 빠르게도 지난다.

"존재가 꽃처럼 활짝 피어나는 것은 성공 중에서도 가장 큰 성공이다. 그런 성공은 마음의 평화와 삶의 환희를 주며, 정신을 명철하게 해 준다. 그러면 그대 앞길을 막고 있던 장애물들은 저절로 쓰러지고 난관은 그저 그대의 발전에 필요한 간단한 여정이 된다."

이 말은 성공에 대해서 두그파 린포체[2]가 한 말씀 중의 하나이다. 이 말처럼 나는 나만의 꽃을 피우기 위해 태어났다. 그러니 어떤 상황에서도 내가 꽃을 피울 수 있음을 확신한다면 나만의 꽃을 아름답게 활짝 피워 낼 것이다. 하지만 내가 어떤 꽃일까? 내가 어떤 꽃인지 아는 것, 그것이 정체성을 알아내는 것이다. 장미인지, 민들레인지, 제비꽃인지 말이다. 그 정체성에 따라 내가 활짝 피어나는 것이 성공인 것이다. 남이 무슨 꽃인지, 다른 꽃과 비교도 필요 없다. 나는 나만의 꽃을 피우기 위해 태어났기 때문이다.

가끔 길을 걷다 보면 차도의 아스팔트와 인도가 구분되는 시멘트 틈 등 도저히 식물이 살 수 없는 환경에서 자라난 민들레를 본다. 환경이 열악하니 식물의 크기가 작고, 물론 꽃도 작다. 하지만 이런 꽃은 뿌리를 깊게 내리고 튼실하게 자라 크게 꽃을 피워 낸 어떤 것보다 더욱 큰 감동을 준다. 자신의 환경을 극복하고 자신의 미션을 수행했기 때문이다. 이렇게 자신의 열악한 환경을 넘어 자신의 소명을 이루는 것이 성공이라고 본다.

내가 닮고 싶은 사람으로 랄프 왈도 에머슨[3]이 있다. 그 사람처럼 때론 오만하게 느껴질 정도로 솔직하게 자신의 생각을 펼쳐 내고 싶다. 그가 말한 진정한 성공에 대한 글 또한 내 가슴에 새겼다. 성공해도 또 자만의 실수를 저지를 수 있는 나의 가벼움을 알기 때문이다.

"자주 그리고 많이 웃는 것,

현명한 이에게 존경을 받고 아이들에게서 사랑을 받는 것,

정직한 비평가의 찬사를 듣고 친구의 배반을 참아내는 것.

아름다움을 식별할 줄 알며

다른 사람에게서 최선의 것을 발견하는 것.

건강한 아이를 낳든 한 뼘의 정원을 가꾸든

사회 환경을 개선하든 자기가 태어나기 전보다

세상을 조금이라도 살기 좋은 곳으로 만들어 놓고 떠나는 것.

자신이 한때 이곳에 살았음으로 해서 단 한 사람의 인생이라도 행복해지는 것,

이것이 진정한 성공이다."

나는 이렇게 내 마음을 잡는 글들은 씹어 먹듯이 먹고, 또 되새김까지 했다. 나와 하나가 될 때까지 말이다.

" 시스템 "

나는 1978년부터 컴퓨터 프로그래머였고, 많은 전산 시스템을 개발했다. 그 경험이 나 자신을 이해하지 못할 하나의 '구조'가 아니라, 스스로 통제할 수 있는 하나의 컴퓨터 시스템으로 볼 수 있다고 느끼게 했다.

그러한 시각으로 인생과 미래를 보니 내가 스스로, 나 자신을 만들어 나가야 함을 이해하게 되었다. 이제 내가 원하는 삶의, 확실한 요구사양을 결정하고 원하는 결과를 얻기 위한 시스템을 개발하는 거다. 그러려면 삶과 내 자신의 전체 구조를 먼저 보고 이해해야 한다. 일을 할 때 전체 구조를 파악하지 못하면 분명한 목적과 방향이 서지 않는다. 제대로 설계가 되지 않는다. 아마 삶도 마찬가지일 것이다.

숲 밖에서 숲 전체를 볼 수 있어야 했다. 이것으로 나의 삶을 풍요롭고 행복하게 살게 해 줄 시스템을 설계하는 것이다. 그리고 일상생활에서 나 자신이 반응하는 습관을 보고, 다른 사람들이 삶을 살아가는 지혜와 교훈을 발견할 때마다 지적 흥분을 느끼고 배워야 했다. 그것으로 목표를 실현하기 위한 전략인 프로그램 알고리즘(algorithm)이 구성되는 것이라 여겨졌기 때문이다. 한 프로그램의 수행 결과물이

다음 프로그램의 개발을 요구하고 자신 있게 목표를 달성하기 위한 프로그램 개발로 유도할 것이다.

이때 읽은 책으로 『6일간의 깨달음』[4](아론 랠스톤)이란 책이 내게 기운을 내라고 격려했다. 저자인 아론 랠스톤은 바위에 깔려 버린 자신의 팔을 스스로 자르고 살아나 지구의 많은 사람들을 뜨거운 감동으로 밀어 넣었다. 그는 "서서히 다가오는 죽음을 기다리기보다는 행동을 하면서 죽음의 위험과 마주 하는 쪽을 선택했다"고 말한다. 자신의 생명을 위해 최선을 다하면서 다가오는 죽음의 공포를 몰아내듯이, 나도 내 삶을 만들어 가면서 생존에 대한 두려움을 몰아냈다.

시야 확보

많은 사람들이 '공부' 하면, 학교를 다니고 학원을 다녀야 한다고 생각한다. 그리고 자신을 에워싼 모든 것에서 배울 수 있음에도 곧잘 교재를 따로 챙겨야 한다는 고착된 생각을 갖고 있는 것 같다. 그런 모습들을 보면서 하나의 생각이 내 속에서 고개를 내밀었다. 하루하루 펼쳐지는 내 삶의 상황과 조건 속에서 생생한 학습의 과정을 밟을 수 있다면 그것만으로도 광활한 시야를 확보할 수 있다는 생각 말이다.

이렇게 확보된 시각으로 내 삶을 구성할 퍼즐의 쪼가리들을 찾아내고, 조각들로 내가 디자인한 그림을 형성해 가면 될 것이다. 많은 사물을 보아도 내가 보고자 하는 것만 보고, 듣고 싶은 것만을 취하는 어리석음에서 벗어나 폭넓게 있는 그대로를 최대한 자유로이 조망할 수 있는 시야와 시력을 확보해야 한다.

"정신이 흐릿할 때 자연의 모든 것들은 활기를 잃고

정신이 밝을 때 세상의 모든 것들은 빛으로 타오르며 반짝인다."

랄프 왈도 에머슨의 말이다. 그의 말대로 정신이 밝은 상태에서 조망권을 갖기를 소망했다.

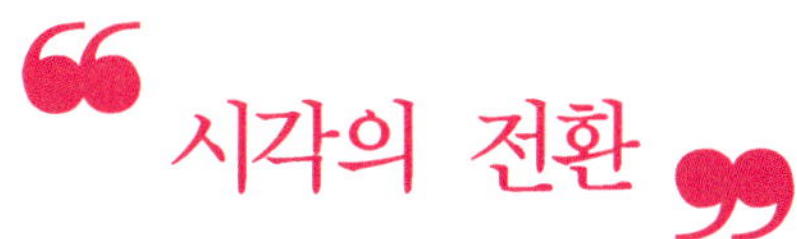

시각의 전환

언젠가 불교 관련 책에서 읽은 이야기가 내게 늘 시각의 전환에 대해 깨우침을 준다. 여러 상황에서 내 감정이 나와는 무관하게 튀어나올 때마다 반사적으로 내 머리에 떠오른다.

그 이야기는 석가모니께서 중생구제를 하고 계시던 때의 이야기이다. 당시 욕쟁이로 유명한 3형제가 있었단다. 한 형제의 부인이 석가모니의 재가(在家) 제자가 되었단다. 그러더니 점차 큰아들만 빼놓고 나머지 두 아들과 부인들 그리고 큰아들의 아내마저도 모두 제자가 되었다. 이에 격노한 큰아들이 석가를 찾아가 욕쟁이의 명성 그대로 욕을 퍼부었고, 시종 석가는 미소를 띠고 앉아 계셨단다.

실컷 욕을 쏟아부은 큰아들은 어떻게 한결같이 미소를 띠고 있을 수 있냐고 물었다. 그러자 석가는 손님에게 주인이 잘 차려진 잔칫상을 내었는데 손님이 먹지 않았다. 그렇다면 그 잔칫상은 누구의 것이냐고 물었단다.

이 말을 알아들은 그 사람은 감복해 그의 제자가 되었다는 얘기다. 이 얘기는 내게 충격적으로 다가왔다. 누가 어떻게 대하든 내 마음이 받아들이지 않으면 그것은 나와 아무 상관이 없는 일이고, 내게 주려고 했던 선물(?)은 여전히 주려던 사람의 몫이다. 하지만 나는 이 부분에 지금까지도 자유롭지 못하다. 그래서 아직도 어린아이처럼 상처받는 마음을 지키기 위해 부정적인 기류가 흐르는 것을 느끼면 나는 일단 그곳에서 피하고 있다. 그러니 석가모니께서 부처님이심을 믿으며, 그 위대함에 나는 늘 겸허해진다. 또한 내가 이 세상을 하직할 때까지 배우고 연마해야 한다는 삶의 목표를 다시 확실히 한다.

부처님의 시각, 그리고 성경에서 내가 읽어 낸 시각은 우리네가 습관적으로 하는 시각과는 이렇게 다르다. 이런 시각으로 전환해야 하는 것이 또한 내게 놓인 목표가 된다. 상황을 만났을 때 미처 전환되지 못한 시각으로 나는 늘 실수를 한다. 그런 실수를 하는 나 자신을 보면서 훈련의 필요성을 늘 느낀다. 그리고 그런 부족한 나 자신을 너그럽게 보는 여유를 늘려 간다.

이런 시각의 전환이 내가 만난 깨우침의 말들을 점점 쉽게 이해하는 길로 인도했고, 앞으로도 나를 인도할 것임을 믿는다.

 # 경지에 이른 깨달음을 따라 

우리가 사는 이 세상은 오랜 세월에 거쳐 훌륭한 경지를 이룬 선각자들을 많이 배출했다. 그들이 남긴 말을 들으며 그런 경지를 가고 싶고, 알고 싶었다. 그렇다면 그들이 남긴 말을 내 것으로 하면 된다.

그 말을 소유하는 것이 아니라 체득하는 것이다. 누가 이런 말을 했다고 인용함으로써 자신의 지식을 자랑하는 것이 아니라, 그 의미를 이해하고 나와 하나가 되게 하는 것 말이다.

우리는 그저 지니고 있는 것이 쉽기 때문에 소유를 선택한다. 하지만 지식을 소유하고 수시로 그것을 내보이는 것은 사실 표절과 같다. 자신의 생각을 증거하는 자료가 아니라 많은 지식의 소유자임을 밝히기 위한 소유와 인용은, 자신이 구경꾼의 편한 삶을 살고 있음을 말한다. 나는 생존지향적인 삶의 구경꾼이 아니라 삶의 기술을 익혀 제대로 내 삶의 미션을 수행하기를 꿈꾼다. 그러기 위해 지금 세상을 관찰하는 것이라고 내 조급해지려는 마음을 잡았고 위로했다.

연금술사

"만물에는 저마다 자아의 신화가 있고, 그 신화는 언젠가 더 나은 존재로 변해야 하고, 새로운 자아의 신화를 만들어야 해. 만물의 정기가 진정 단 하나의 존재가 될 때까지 말이야." …….

"바로 그게 연금술의 존재 이유야. 우리 모두 자신의 보물을 찾아 전보다 더 나은 삶을 살아가는 것, 그게 연금술인 거지. 납은 세상이 더 이상 납을 필요로 하지 않을 때까지 납의 역할을 다하고, 마침내는 금으로 변하는 거야.

연금술사들이 하는 일이 바로 그거야. 우리가 지금의 우리보다 더 나아지기를 갈구할 때, 우리를 둘러싼 모든 것들도 함께 나아진다는 것을 그들은 우리에게 보여 주는 거지."

파울로 코엘료[5]가 『연금술사』라는 책에서 한 말이다. 나는 이 말을 또한 내 소망으로 가졌다. 내 속 그 어딘가에 숨어 있는 보물을 찾아 더 나은 삶을 살아가는 것이, 내 미션임을 명심했다. 그것이 지금 이 순간을 내가 살고 있는 이유라고 마음 판에 되새기면서 말이다.

지혜의 눈빛

나는 단지 지식의 많고 적음으로 가질 수 없는 눈, 수많은 세월을 살아 경험을 통해 그만큼의 지혜를 자신의 몸으로 체득한 자만이 가질 수 있는 눈빛을 원한다.

세상에서 벌어지는 일의 뒤에 숨은 것도 읽을 수 있는 눈 말이다. 무협 소설에 보면 자주 등장하는 장면이 있다. 애송이들이 상대를 파악하지 못하고 달려들어, 한순간에 세상을 하직한다. 이렇게 상대의 역량을 알아볼 수 없는 사람이 바로 무모한 애송이다.

찰스 다윈[6]은 "살아남는 종은 변화에 적응하는 종이다"라고 말했다. 나는 변화에 적응해서 생존하는 단계를 뛰어넘어 더 나은 방향으로 발전하고 싶다. '생존지향적인 삶'이라는 한계를 넘고 싶다.

주인이 주는 먹이를 먹기 위해 땅만 보고 다니는 지표조류인 닭이 아니라 저 창공을 훨훨 날아다니는 독수리이고 싶다. 닭처럼 의존적이고 자신의 생존만 지향하는 그런 존재가 아니라 자유의지로 세상을 날고 자신의 먹이를 먹고 싶을 때 스스로 구하는 그런 존재로 살고 싶다는 생각을 확실히 한다.

허즉실 방어법

성경 마태복음에 "누구든지 네 오른편 뺨을 치거든 왼편도 돌려대며" 라는 말이 나온다. 오른쪽 뺨을 때리면 왼쪽 뺨마저 상대에게 때리라고 내어 주라는 뜻이다. 이것은 상식을 깨는 반응을 하라는 말이 된다. 이것은 뺨을 때린 사람에게 예상치 못한 반응이 될 것이다.

보통은 공격을 받으면 피하거나 상대를 공격하기 마련이다. 그런데 의외로 다른 뺨이 공격자 앞으로 다가온다. 전혀 예상하지 못한 반응에 공격자는 공격을 중지하거나 피할 수밖에 없을 것이다. 이런 것을 허즉실(虛則實) 방어법이라 할 수 있다. 절대 방어라고도 하겠다. 하지만 공격하는 상대에게 맞지 않은 뺨마저 내놓는 것은 쉬운 일이 아니다. 일반적으로 폭력을 만나면 겁이 나기 때문이다. 그러니 여기에는 내공이 필요하다. 피하지 않고 공격에 오히려 몸을 내놓을 수 있는 담력이 거저 생기는 것이 아니기 때문이다.

수많은 한계를 넘어 일정 이상의 경지에 오른 무인에게는 더 이상 초식의 틀이란 필요치 않을 것 같다. 이미 체화(體化)된 무술은 상황에 따라 즉흥적으로 펼치는 동작들로 절세의 무공 초식이 될 것이다. 나는 감각이 속삭이는 대로 움직일 수 있는 그런 고수가 되어야 한다. 그래야 공격자에게 도리어 몸을 내놓을 수 있는 담력이 생길 것 같다.

그러기 위해서 존재감을 견고히 해야 한다. 외부의 영향에 전혀 흔들리지 않는 마음을 위해, 바로 무상심법(無上心法)을 연마해야 했다. "특별하다고 믿으면 특별해지는 것이다.” 만화영화 〈쿵푸 팬더〉에 나오는 말이다.

정신자원−DB 축적

지금은 우리 모두가 아는 ‘Creative Industry’시대이다. 이러한 시대상황은 인류에게 한정적으로 사용할 수 있는 물질 자원으로부터 점점 벗어날 것을 요구한다. 이는 나아가 비물질적이고 무한한 정신자원을 활용해 가치를 창출할 것을 요구하는 말이 된다. 내게는 너무나 유리한 말이다. 전혀 소유한 물질이 없어 무형의 가치와 정신자원에 집중하고 있는 나로서는 말이다.

그렇다면 인간의 정신자원이란 과연 무엇일까? 그리고 비물질적이고 무한한 인간의 정신자원으로 어떻게 가치를 창출할 것인가? 그에 대한 답을 나는 내 처절한 실패를 통해서 이미 발견했다.

우리는 삶을 통해서 끊임없이 각자가 자신만의 정신자원을 축적해 간다. 머리로 익힌 지식만이 아니라 온몸으로 겪어 낸 경험을 섬세한 감각으로 축적함으로써 자신을 만들어 간다. 그러한 ‘나’가 무한한 정신자원의 보고(寶庫)가 되는 것이다. 나만의 방식으로 분류한 자료들이 나의 융합과 창조 프로그램에 의해 가치로 만들어지는 것이다.

크게 크게

내가 삶에 대해 불안해하면 할수록, 나는 점점 위축되어 제대로 생각할 수가 없었다. 불안이 나를 작게 만들고, 생각도 작아지게 했다. 점점 위축되어 작아진 마음. 거기에 삶의 원칙이나 생존의 이유 등을 담으면, 어느덧 흘러 넘쳐서 나는 내가 담았던 것들을 기억할 수가 없었다.

하지만 이미 작은 그릇이 된 내 마음은 담긴 지식들을 소화하고 내 것으로 만들기도 전에 불안에 떨었다. 그런 불안감이 뭔가 다른 것을 재빠르게 또 담게 했다. 그러니 많은 것들이 내 마음 밖으로 흘러 넘쳐날 수밖에 없었다. 남은 찌꺼기들은 섞여 엉뚱한 것이 만들어져 나를 더욱 혼란하게 했다.

이런 내 분석이 맞다고 콘라드 힐턴[7]은 "내 성공의 모든 비밀은 근본적으로 여덟 단어로 되어 있다. 크게 되고, 크게 생각하고, 크게 행동하고, 크게 꿈꿔라(Be big, think big, do big, dream big)." 나는 번데기라는 껍질을 넘어 나비가 된 나를 생각하며 '크게 생각하고, 크게 행동하고, 크게 꿈꾸기'를 가슴 판에 깊이 새겼다. 그리고 늘 깨어 있으면서 수시로 위축되는 나를 관리·감독하려고 애썼다.

새로운 자아개념

습관이 영어로는 'habit'이다. 이 단어의 원래 뜻은 의복이었다고 한다. 지금도 옷을 'habiliments'라고 쓰기도 하고 승마복을 'riding habit'이라고 한단다. 이러한 것들이 시사하는 것은 습관이란 우리의 인격이 입는 옷이라는 것이다.

내가 갖고 있는 습관은 우연히 생겨진 것이 아니다. 내게 맞는 옷을 내가 입듯이, 나에게 맞기 때문에 그 습관을 입은 것이다. 그래서 습관은 자아개념과 호흡을 같이하며 우리의 전인격 양식과 하나로 맞아떨어진다.

그것은 내가 나비가 되어 날아다닐 세상을 꿈꾸며, 긍정적이며 새로운 좋은 습관을 몸에 익히면 아직도 버려지지 않은 애벌레의 조직은 저절로 도태되기 마련이라는 의미가 된다. 나는 의식적으로, 나비로서 세상을 보고 이해하는 새로운 습관을 익혀야 했다. 즉 새로운 자아개념, 나비로서의 자아개념을 형성해야 했다.

이에 대한 심오한 말을 나는 『갈매기의 꿈』에서 만났다. 주인공 조나단은 이미 득도(得道)를 한 갈매기 치앙에게서 가르침을 받는다. "우선 자기가 이미 거기 도달해 있다고 생각해 두고 나서 비행을 시작하지 않으면 안 돼." 그들은 그렇게 시공을 초월하여 순간 이동을 한다. 이 말이 주는 가르침은 내가 나비가 되기 이전에 나비의식을 가져야 한다는 말이다.

이렇게 의식적으로, 의도적으로, 자신의 습관을 바꾸어야 새로운 자아개념이 생긴다. 그런 개념을 갖지 못한다면 아무리 모습을 바꾸어도 여전히 옛사람일 수밖에 없다. 의도적으로 새옷으로 갈아입어야 한다.

 실패예찬_애벌레가 번데기를 거쳐 나비가 되기까지

패러다임의 진화

　외부세계는 우리가 가진 패러다임을 거쳐 의식 속으로 들어온다. 이런 패러다임은 삶의 방식을 조율하는 일종의 심리적 유형이라고 할 수 있다. 그래서 패러다임이 적절한 경우, 삶을 유익한 방향으로 이끌 것이다. 하지만 자신의 패러다임이 항상 옳은 것은 아니다. 나의 패러다임도 틀렸기에 내 삶은 실패로 처절하고 참혹한 경험을 하고 있다. 하지만 이렇게 크게 틀린 패러다임의 경험이 내게 패러다임의 중요성을 일깨운다.

　패러다임은 불변하는 존재가 아니다. 자신의 패러다임만이 진실이라고 생각하면서 삶과 더불어 주어지는 다양한 정보와 변화의 기회를 놓친다면, 삶은 나의 실패처럼 위험을 초래할 수 있다.

　나 자신과 나를 둘러싼 세상 또는 다른 사람들에 대한 나의 패러다임은 지속적으로 계발되어야 한다. 하지만 자신의 패러다임을 바꾸는 데는 상당한 노력이 필요하다. 그 대안을 찾는 것도 마찬가지이다. 그러니 내가 느끼는 고통은 당연하다. 내가 겪은 애벌레로서의 죽음. 번데기 과정을 통해 패러다임을 변화시켜 새로운 패러다임, 새로운 의식을 구성해야 한다. 나비라는 의식을 내 온몸의 세포 하나하나가 가져야 한다. 그것이 진정한 패러다임의 전환일 것이다.

비빌 언덕은 없어야

　'비빌 언덕'이라는 말이 있다. 어딘가 의지할 곳이 있어야 한다는 말일 게다. 하지만 비빌 언덕이 있으면, 문제가 생기면 제일 먼저 비벼 댈 곳을 보게 된다. 스스로 해결하기보다는 비빌 언덕에 가서 비벼 댐으로써 해결하고 싶은 생각이 드는 것이다. 이것은 손쉽게 문제를 해결하려는 우리 두뇌의 얕은 수인 것 같다.

　아예 의지할 곳이 전혀 없다면 스스로 어떻게든지 문제를 해결하게 된다. 그래서 랄프 왈도 에머슨은 이렇게 얘기했다.

　"스스로 돕는 사람은 사람들이나 신에게 언제든지 환영받는다. 스스로 돕는 사람에게는 언제나 문이 활짝 열려 있고, 모든 사람들이 그를 부러움의 눈길로 바라본다.

　그가 우리의 사랑을 바라지 않았기 때문에 우리의 사랑이 그를 찾아가 끌어안는 것이다."

　바로 이것이 행운의 비결이다. 동정을 구하지 말고, 행운의 주인공으로 자신의 삶의 주인으로 살아야 인간은 자신의 삶을 책임질 수 있는 어른으로 성장하는 것임을 나는 알게 되었다. 하지만 내게 쉬운 일이 아니었다. 나는 애벌레 시절에도 자주 독립적으로 살았다. 그런 나는 늘 의존적인 삶을 부러워하고 동경했었다. 이렇게 항상 누구에게로부터 도움을 받고자 하는 유아적인 부러움이 여전히 남아 있기 때문이다.

전제에 대한 이해

미국의 사업가 강철왕 카네기[8]는 "승부를 가리는 데 있어서 가장 중요한 것은 인내다."라고 말했다. 그는 또한 "참고 있으면 반드시 기회가 생긴다"라고 했다. 그가 남긴 말을 들으며 혹자는 "생존 경쟁에서 남보다 앞서기 위해서는 무엇보다 인내가 필요합니다"라고 말한다.

그러나 강철왕 카네기가 '생존 경쟁'에서 이기는 데 인내가 중요하다고 말한 것이 아닌 것으로 내게는 느껴졌다. 그가 자신의 목표를 실현하고 삶의 의미를 실현하기 위한 자신과의 싸움을 말한 것으로 내게는 들렸다. 그리고 난 나의 이런 느낌을 믿는다. 그것은 누구와 경쟁하고 '생존'이라는 제한된 영역에 머물렀다면 카네기의 삶이 지금까지 회자될 수가 없기 때문이다.

이는 말을 받아들일 때 전제(前提)가 다르면 의미가 달라진다는 깨우침을 주었다. 그렇다면 오늘날 소통이 잘 안 되는 것은 각자가 상대가 뜻하는 의미를 듣지 못하기 때문이다. 나는 화자(話者)의 말에서 전제까지 알아낼 것이다. 그게 또한 내 디자인목표가 되어야 했다.

전제(前提)가 다르면 말이나 행동의 내용을 이해하고 받아들이는 것이 완전히 달라진다. 전제란 어떤 사물을 의논하거나 말할 때, 먼저 내세우는 기본이 되는 것이기 때문이다. 말을 말로서만 듣는 게 아니라 전제(前提)와 상황, 의미가 하나 되어 들을 때 제대로 된 소통이 이루어질 것이다. 그럴 때 값진 말이 비로소 나를 위한 보약이 될 것이다. 또한 나의 성장과 함께 이런 전제도 변화되며 내게 주어지는 의미도 확장될 것이다.

내 삶의 모든 문제 상황에는 창조력을 발휘하여 해결책을 찾을 수 있는 기회가 같이 놓여 있었다. 그 기회를 향해 내 마음을 항상 열어 놓으려 했다. 활짝 열린 내 마음은 세상 모든 사람의 아픔을 들어오게 했고, 나를 위축시키는 사람들의 사소한 행동도 받아들임으로써, 나를 서글퍼지게도 했다. 내 본연의 목표와는 다르게 나의 열린 마음은 늘 요동했다. 내게는 그것을 통제하는 일이 무척이나 힘들었다. 하지만 마음을 열었기에 나의 깊은 곳으로 내려가 가장 깊은 자아를 만났다. 동시에 바람직한 행동과 새 목표를 향해 나아갈 수 있는 창조력도 만났다.

깊은 곳에서 발굴해 낸 나의 자아와 창조력. 나의 진정한 자아는 내가 더 온전하고 성숙한 인간으로 발전하는데, 나의 모든 경험이 필요한 재료가 될 것이라고 알려 주었다. 그리고 내가 캐어 낸 창조력으로 나는, 내가 겪었던 경험, 수치스러운 경험이든 나의 모든 경험에서 필요한 재료를 찾아내고 문제의 답을 더 쉽게 발견할 것임을 알아차렸다. 어떤 해결책들은 곧 발견되기도 하지만, 어떤 것들은 오랜, 아주 오랜 시간과 그것을 견뎌 내야 하는 투쟁을 요구했다. 그럴 때는 마음을 고요히 관리하며 생각이 무르익기를 기다렸다. 그러다가 내 마음속 그 어디에선가 섬광처럼 반짝이며 나타난 아이디어가 무엇을 해야 할지 알게 해 주었다. 내 눈앞에 차근차근 펼쳐지는 희망의 근거들을 섬세한 마음으로 보고 느껴 그 희망이 내 에너지가 되게 해야 했다.

우리가 쉽게 혼란에 빠지고 포기하는 것은 답을 몰라서가 아니다. 늘 자신을 뒤흔드는 불안감, 그것을 받아들이기 때문이다. 그러고는 선택의 상황에서 감당 못 할 고민을 하게 된다. 이는 대개 문제를 빨리 해결하고 싶은 조급함 때문이다. 신속한 방안을 떠올리지 못해서 일어나는 공포에 사로잡히면 성급하게 뛰쳐나가 아무 방법이나 선택해 버릴 수 있다. 성급함은 진정한 통찰에 이르는 창조적 과정을 방해한다. 나는 여기에서 나를 지켜 내야 했다.

그래서 내 곤두박질친 삶이 더 이상 무너질 것도 없음을 늘 내게 기억시켰다. 그리고 내 삶을 지금 다시 만드는 과정임을 내가 놓치지 않도록 집중시켰다. 내 마음을 모든 가능성에 열어 놓고 융통성을 발휘하되, 성장과 재창조 작업에 도움이 될 수 있는 일에만 집중해야 한다고.

❝ 매력적인 사람 ❞

어린 시절부터 내 꿈 중의 하나는 매력적인 사람이 되는 것이었다. 나이가 들면서 그래야 함을 더욱 인식한다. 지금 번데기인 상황에서도 나는 매력적인 나비가 될 것을 꿈꾼다. 왜냐하면 매력적이면 일단 상대방을 내게 집중시키고 긍정적으로 보게 하기 때문이다. 그러면 나의 생각이나 뜻을 전하기가 훨씬 쉽기 때문이다.

사람들이 매력이나 호감을 느끼는 이유는 너무도 많다. 누구나 공감하는 부분도 있을 테고 자기만의 독특한 데서 받는 부분도 있을 것이다. 소위 요즘 유행어대로 코드가 맞아서 호감이 가는 경우도 있고 전혀 코드가 다르지만 호기심 차원에서 매력을 느끼는 경우도 많다. 특히 자기가 평소에 무척 하고 싶어 하는 걸 아주 잘하는 사람을 보면 더욱 매력을 느끼기도 한다.

이 세상에 단 한 번에 사람을 사로잡는 건 사실 어렵기도 하거니와 실제 그런 사례는 흔하지도 않다. 그런데 그것보다 더 어렵고 흔하지 않은 건 두고두고 사람을 사로잡고 놓아 주지 않는 것이다. 그런 매력은 하나의 흡인력인 것 같다.

그리고 매력을 느끼는 것은 사람마다 다 다른 것 같다. 그렇지만 매력은 하나의 힘으로 내게 느껴졌다. 장미가 좋은지 백합이 좋은지, 개나리가 좋은지 저마다 기호가 다르다. 그러나 그들은 제각각의 개성으로 우리네 눈을 잡는다. 그렇게 힘 있는 매력이 있었으면 좋겠다. 유리그릇에 담긴 내용물이 그대로 투영되듯이 아름답게 내면을 가꾸고 그것이 그대로 매력으로 투영되었으면 한다.

나는 나의 매력으로 내 꿈들이 가시화되면 젊은이들과 얘기하고 그들에게 꿈을 주기를 소망한다. 젊은이들이 좌절할 때 잠시 쉬었다가, 다시 갈 수 있는 희망을 주는 역할자이고 싶기 때문이다.

나는 반짝이는 눈을 갖고, 여전히 호기심이 넘치는 백발의 할머니가 되어 젊은이들과 꿈꾸는 자가 이룰 수 있는 부분에 대해 얘기하고 싶다. 나의 꿈을 생각하며 열정을 추스르고, 그 꿈이 이루어지는 것을 생각하면 기쁨이 솟는다.

내 삶의 리더

자신이 해야 할 일을 해내야 함에도 오늘날 많은 사람들이 길 잃은 어린 양처럼 방황을 지속한다. 나만 방황하는 것이 아니니 조금은 자책을 놓을 수 있다. 나는 아직도 나의 내부에서 들끓는 소리도 잠재우지 못하고 여전히 갈팡질팡하곤 하기 때문이다.

그래서 성경에서 "우리는 다 양 같아서 각기 제 길로 갔거늘"이라고 표현하고 있나 보다. 그래서 양 떼에겐 늘 목동이 필요한가 보다. 양이란 동물이 시야가 좁기 때문에 말이다. 보통은 1m 이상을 볼 수 없다고 한다.

목동은 양들보다 높은 시각을 확보함으로써, 지팡이를 잡고 앞서 간다. 양들은 그를 따라간다. 이것이 목동과 양 떼의 관계이다. 목동에게 요구되는 것은, 앞서 가는 것이다. 일일이 간섭하지는 않지만 방향 제시를 하고 곁길로 새는 양을 무리 속으로 끌어들여야 한다.

양 떼에게 요구되는 것은 이런 목동을 따라가야 한다는 것이다. 양 떼는 볼 수가 없지만, 가야 할 길을 그는 볼 수 있기 때문이다. 그러므로 양 떼를 이끄는 목동은 양 떼의 리더인 것이다. 나는 우선 나의 리더가 되어 내 속에서 들끓는 소리를 재우고, 한목소리로 통일시켜야 한다. 내 평생을 통해 부정적인 '나'를 너무나 많이 키운 것 같다. 이제 내 깊은 곳에서 찾아낸 진정한 자아가 리더가 되어야 한다. 그 리더의 소리를 듣고 따르도록 수많은 '나'를 훈련시켜야 한다.

“ 100세까지 건강하게 ”

100살까지 사는 것이 내 목표 중의 하나이다. 사람들은 뭐가 그리 오래 살고 싶으냐고 한다. 하지만 내게는 뚜렷한 목적의식이 있다. 내 나이 60에 아직 나는 모르는 것들 투성이기 때문이다. 이제야 삶이 무엇인지 간신히 조금 알게 되었다. 그런 내게 노인이 되어 간다는 것은, 삶이 시작된 그 어디인가로 편안하게 회귀해 가는 것이라고 느껴진다. 앞으로는 삶을 통해 갖게 된 것들을 하나씩 내려놓으면서 삶을 관조할 수 있을 것 같다.

하지만 가까이에서 보게 되는 많은 사람들은 나이를 먹으면서 그저 움츠러들어 희망을 잃고는 뒤틀어지는 것 같다. 한국의 노인을 한마디로 '심통'이라고 표현한 소설을 언젠가 본 것 같다. 그리고 나는 내 삶에서 그런 사람들을 만났다. 그들의 삶은 희망도 꿈도 없이 자신의 생존을 유지함에 급급했던 삶이었다. 그분들은 삶에서 느끼는 모든 불편함이 마치 다 내 탓인 듯, 그 모든 것을 내게 투사했다. 자손들의 발목을 잡고, 삶을 암흑으로 만들었다. 그것은 삶이 무엇인지 모르는 유아로서 세상살이에 잘 적응을 못 해서이리라.

이제 내 나이 60이다. 아직 세상의 많은 부분과 사람들을 모른다. 그래서 100세까지 살면서 좀 더 알아보고 싶다. 그러기 위해서는 나이와 상관없이 여전히 호기심을 불태워야 할 것 같다.

나는 내게 주어진 삶에 충실하며 순응하고자 하는 소망을 새로이 한다. 오래 사는 것 자체가 목표가 아니라 내게 주어진 삶을 다하며, 꾸준한 학습을 통해 나의 의식을 키우고자 한다. 그렇게 나이가 든다는 것은 도태가 아니라 성숙이라는 것을 실현하고 싶다.

존재의식

사람들은 누구나 콤플렉스에 시달리며, 그 콤플렉스라는 안경을 쓰고 세상을 본다. 그러면서도 자신이 대단한 존재라는 착각을 한다. 극단적인 이중성을 갖고 있는 것이다. 지극히 위대한 존재라는 의식과, 자신은 아무것도 할 수 없는 하찮은 존재라는 의식, 그 이중적인 존재감의 차이는 어마어마한 크기이다.

하지만 일단 자신이 모든 것을 할 수 있다는 생각을 버리고, 무한하고

긍정적 에너지의 원천이라 할 수 있는, 그 무엇에 의탁이라는 것을 하게
되면 새로운 의식 상태에 도달한다. 내가 전혀 상상할 수 없었던 기쁨과
편안함이 찾아온다. 물론 항상 그런 것은 아니다. 아마 나는 의식하지도
못하는 상태에서 나 자신이 위대한 존재라는 생각에 너무 집착해 있는 것
같다. 인류가 살아오면서 힘 앞에 무릎 꿇는 것은, 자기 존재를 버리는
항복이라고 인식했던 것 같다. 그 의식이 아직 나의 가슴 판에 깊이 각인
되어 있는 것 같다.

　나는 이런 경험을 통해 내가 '나 자신에 대해서 알 수가 없다'는 진리
를 받아들여야만 했다. 내 안에서 일어나는 것들에 대해 알 수가 없으니
제대로 된 통제권을 행사할 수가 없다. 세밀한 관찰과 나의 반응들을 객
관적인 시각으로 보면서 하나씩 익혀야 한다. 아마 이런 일은 나비가 되
어서도 지속되어야 할 나의 공부 제목이 될 것이다.

내 삶의 숙제

　우리는 인생에서 해결해야 할 숙제가 있으며 우리가 사는 이유는 바로
그것을 해내기 위해서라고 나는 확신한다. 그런데 여기서 중요한 것은
이기적인 욕망에 의해서도 꿈을 성취할 수 있지만 그것은 완전한 해결이
아니라는 것이다. 이기적 욕망에 의한 성취는, 불안함이 지속되게 하며
늘 무엇인가 부족하다는 결핍감을 느끼게 한다. 그래서 점점 더 많은 것

을 원하게 된다. 그리고 성취감을 느끼지 못하는 악순환에 빠진다. 나는 결핍감을 만족으로 바꾸고, 불안과 두려움을 잠재워야 했다.

우리 모두가 자신에게 주어진 숙제인 삶의 목적을 발견할 수 있다. 내가 선택한 길이 최선은 아니라고 생각한다. 그렇지만 중요한 것은 각자가 지닌 삶에 대한 태도이다. 우리는 두려움 때문에 발생하는 온갖 갈등과 외부에서 들려오는 잡음을 차단하고 마음 깊은 곳에서 울리는 소리에 귀를 기울여야 한다. 그러면 삶의 어떤 영역에서든 자신의 소명을 발견하게 된다는 것을 나는 확신한다.

내가 이해한 내 삶의 숙제는 나 자신을 변화시키는 것이 아니라 내가 누구인지 기억해 내는 데 있다고 나는 느꼈다. 나는 원래 나비였다. 애벌레와 번데기 과정을 거쳐 완전변태를 하는 그런 존재였다. 그런 내게 당연히 나비의식이 내 깊은 곳에 있었다. 내가 나를 훈련하며 느낀 것은 표면에 떠올라 있던 애벌레 의식을 깊은 곳으로 밀어 넣고, 깊은 곳에 잠자던 나비의식을 겉으로 꺼내야 한다는 거였다.

번데기 3단계

-연마의 과정(체득)

연마
전사(戰士)
관대함으로
용서
정리
열정
집중
실망을 넘어
과정에 집중
힘 빼는 작업을 하지 말아야
믿음
'꼭'이 아니라 '반드시'
긍정과 집중의 힘
정체성이 확실해야
시너지 효과
꿈꾸는 자… 강한 자

해인(海印)
새로운 가능성의 세계가
산다는 것은 꿈꾸는 것
늘 마음이 문제
선택
관찰
No, 고정관념
No, 루저(Loser)
자가창조경영
문제를 바라보는 시각
나에 대한 인식을 새롭게
문제를 객관적으로
두려움
감사하는 마음
통찰과 직관

나는 '인간은 먹어야 산다'라는 패러다임을 놓는 일이 너무나 힘들었고, 아직도 온전히 놓고 있지는 못하다. 하지만 그 과정에서 '의탁'의 개념을 가질 수 있게 되었다. 이렇게 고통의 순간을 넘어 내가 겪고 있는 일을 통해 그 무엇인가 찾아내고, 새로운 개념을 만들고, 내 것으로 내 몸과 하나 되게 하는 과정들. 그것은 마치 천애의 낭떠러지에서 떨어진 무협소설 속 주인공이, 홀로 무술을 연마하고 세상에 다시 나오는 그런 과정과 같다고 내게는 느껴졌다.

무협소설의 주인공이 천재일우의 기회로 무림 최고의 비급을 만나듯이 나는 『성경』을 만났다. 그것은 내게 주어진 무상심법(無上心法)이었다. 마음을 다스리는 최고 절정의 비급인 성경의 의미를 이해하고 익혔고, 경공술과 검법 등과 같은 기술을 익히기 위해 성공한 사람과 깨달은 사람들이 남긴 책들을 익혔다.

사람들은 흔히 책을 본다고 한다. 내가 보기엔 이것은 하나의 구경일 뿐이다. 하지만 나는 내가 만난 책들을 가지고 연마를 했다. 그것이 내가 살아 세상으로 돌아갈 수 있는 유일한 방법이라고 느꼈기 때문이었다. 그리고 내게 주어진 유일한 일이었다. 처음에는 나의 연마가 어떤 효과도 없는 것 같아 좌절도 했다. 그래도 굴하지 않고 나는 읽고 또 읽으며 이해를 넓혀 갔다. 그러다 적용에서 나는 실수와 좌절을 여전히 하면서도 나의 성장을 느끼게 되었다. 그런 느낌이 내게는 새로운 에너지가 되었다. 그리고 그렇게 연마를 하면서 번데기로서 점점 자리를 잡아 갔고, 나비의 조직을 만들어 나갔다.

새도 날아서 나오기 힘든 절곡에 들어간 무협소설의 주인공은 대게 그곳에서 기이한 인연을 만나 환골탈태의 경험을 한다. 또 그곳에서 먹을 것도 해결이 된다. 나는 먹고사는 문제를 참으로 두려워했던 것 같다. 생존의 조건을 전혀 갖지 못한 나를 그냥 내가 방치했다면, 무기력증이 심했던 나는 아마 지하도에서 생활하는 노숙자가 되었을 것 같다.

하지만 먹어야 살고, 내 아이를 먹여야 한다는 일념이 무력감을 이기고 생존을 유지하게 했다. 이런 나이기에 애벌레의 삶을 끝내고 온전히 번데기가 되기까지 한 6년여의 시간을 보냈다. 그렇지만 나는 '먹어야 산다'는 의식을 온전히 버리지 못했다.

연마

산다는 것은 무술이나 기술을 연마하는 것과 같다고 본다. 보통은 뭐가 뭔지 모르는 상태에서 건들거리며 산다. 자신이 무엇을 원하는지 왜 태어났는지에 대한 이해도 없이 그저 산다. 하지만 삶은 완벽한 정확성을 갖춘 무술이나 기술처럼 나와 하나가 된 그 무엇을 요구한다. 그런 기술이 있는지도 몰랐던 내게 실패는 그것의 존재와 중요성을 알게 했다. 또한 그것을 학습할 때가 왔음을 내게 깨우쳐 주었다.

무협소설에서 보면, 보통 검술을 익히기 위해서는 여러 단계가 필요하다. 누구든 검을 들면 초식을 배우게 된다. 초식을 배우면서 자세를 교정하고 가장 올바른 자세를 익힌다.

초식에 어느 정도 익숙해지면 초식에 담긴 뜻을 연구하게 된다. 무공을 창안한 사람의 의도를 정확하게 파악하고 그에 걸맞은 초식을 구현하게 되었을 때, 비로소 검을 어느 정도 이해하게 되었다고 한다. 그렇게 초식을 완벽하게 이해하고, 익힌 후에야 비로소 검을 자유자재로 쓸 수 있다.

진정으로 검을 쓴다는 것은 이제까지 익힌 모든 초식들을 상황에 맞게 자유자재로 쓸 수 있다는 것을 뜻한다. 그 단계를 지나면 굳이 초식을 구별하여 쓸 필요도 없이 단순히 검을 휘두르는 것만으로 훌륭한 초식이 될 수 있다고 본다.

본능으로 무의식적으로, 숨 쉬고 먹고 생각하는 것이 아니다. 이렇게 검술을 익히듯, 뚜렷한 의식 속에서 해야 함을 나는 알아차렸다. 그러한 삶의 원칙을 내 것으로 하기 위하여 나는 하루에도 수없이 내게 삶의 기술이 없음을 인식시키고, 내가 그 기술을 익혀 고수가 될 수 있음을 마음판에 새겼다.

조용필 씨의 〈킬리만자로의 표범〉이라는 노래 가사가 새롭다. "나는 하이에나가 아니라 표범이고 싶다. 산정 높이 올라가 굶어서 얼어죽는 눈덮인 킬리만자로의 그 표범이고 싶다." 나는 배부르고 등 따스한 돼지도 아니고, 거칠고 성난 늑대도 아니며, 먹이를 찾아 헤매는 하이에나도 아니다. 나는 언제나 꿈 많고 배움을 갈구하는 부족한 인간일 뿐임을 내게 확실하게 인식시켰다. 그리고 삶의 기술을 연마해 그 꿈을 실현할 수 있음을 나의 신념으로 만들어 갔다.

나는 산정에 올라가 굶어서 얼어 죽고 싶지는 않다. 어떤 시련과 고난을 겪더라도 나 홀로 일어서는 법을 배워, 우뚝 설 것이다. 어떤 시련 속에서도 피어나는 한 송이 꽃처럼 내 삶의 미션을 수행할 것이다. 이렇게 나는 늘 각오를 다졌다.

그러면서 삶의 기술을 배우기 위해 생각하고 또 생각했다. 그리고 사람들의 행동과 자극에 따르는 반응을 세밀히 관찰했다. 드라마와 영화를 통해서도 나의 세밀한 관찰은 지속되었다. 그러한 관찰이 내게 화두(話頭)를 던졌고 나는 생각의 실마리를 잡으면 철저히 난도질하고 분석했다. 추론하고 또 추론했다. 그것은 인간은 현명한 척하지만 실은 그 어떤 동물보다도 어리석은 존재임을 알았기 때문이다.

사람은 남을 끊임없이 의심하지만 결정적인 순간에 자신을 의심하지 않는다. 자신이 생각하는 결과가, 또 자신이 의도하는 바가 항상 최선일 것이라고 여긴다. 이런 인간의 어리석음, 나의 어리석음을 늘 경계하며 나를 객관적으로 봐야 함을 내 마음 판에 깊이깊이 새겼다.

"구하라 그러면 너희에게 주실 것이요 찾으라 그러면 찾을 것이요 문을 두드리라 그러면 너희에게 열릴 것이니"라는 말씀이 성경 마태복음에 있다. 그 말씀처럼 간절히 삶의 기술을 구하는 내게 주변의 모든 것이 답을 주었다. 그 답들은 마치 세밀한 퍼즐 조각처럼 내게 주어졌다. 나는 수없이 퍼즐 쪼가리를 맞추고, 잘못 맞추는 실수도 반복하며 '삶의 기술' 퍼즐을 맞춰 나가며 나의 이해 능력을 연마했다.

퍼즐 쪼가리가 몇 가지 확실하게 맞춰지자, 그 그림이 점점 명료한 모습으로 다가온다. 이제는 답을 찾아내고 제자리에 맞추고, 내 것으로 체득하기가 아주 조금은 쉬워지는 것 같다. 그런 느낌이 또한 내게 기쁨과 활력을 준다.

66 전사(戰士) 99

　"성공은 두 글자로 되어 있다―행동" 작가 겸 연구가로 활동했던 요한
볼프강 괴테[9]의 말이다. 그러나 행동, 그것이 쉬운 일이 아니다. 행동은
강한 신념에서 나온다. 그리고 신념이란 확신을 갖고 믿는 마음이다. 이
러한 신념을 갖는 것을 결사반대하는 세력이 나의 내부에 존재했다. 이
는 본능적으로 변화를 두려워하는 마음이 아직도 있기 때문이다. 이것이
바로 내가 넘어야 할 장애물이다. 이것을 극복해야 하는 싸움에서 나는
점점 전사(戰士)가 되어 갔다.

　그리고 나 자신에게 대항하는 또 다른 나를 극복하기 위하여 나의 가
치와 삶의 의미를 확실히 해야 했다. 소중하고 존귀한 존재인 자신의 가
치를 인정하고, 삶의 의미를 찾기 위한 목표가 확실해지면, 그 길을 가는
데 장애물은 문제가 안 된다. 즉 내 삶의 의미와 가치가 장애물을 넘을
수 있는 에너지가 되는 것이다.

66 관대함으로 99

　수치심을 생각하면 나는 한순간도 살 수가 없다. 하지만 살기 위하여,
새로운 부활을 위하여 관대한 눈으로 나 자신을 바라본다. 사람들도 관

찰한다. 늘 실수와 좌절을 겪는 인간, 부족할 수밖에 없는 존재이다. 너나 할 것 없이.

오늘날 사람들은 가진 게 너무나 많다. 그러니 외부 세계에서 모든 것을 찾아내려고 한다. 풍부한 물질의 세계가 사람들을 끊임없이 유혹한다. 내면으로 눈을 돌릴 짬을 주지 않는다. 그러니 그들은 보물을 캐러 밖으로 밖으로 떠돈다. 하지만 가진 것이 아무것도 없는 내 삶의 처절한 상황에서 내가 탐색할 곳은 나의 내면밖에 없었다. 나는 내 깊은 곳에서 많은 것들을 발굴해 내야 했다. 나의 실패는 내게 축복이었음을 확신한다.

내면에 깃들어 있는 자존감과 사고체계에 대해 관심을 갖는 것은, 잠재된 숨은 능력을 찾아내는 유일한 방법이라고 본다. 또한 나라는 인간의 구조를 파악함으로써 나에 대한 대비능력을 갖추는 중요한 작업도 된다. 내가 스스로 내 안에 보물이 있다고 믿어야 탐색 작업을 할 수 있을 것이며, 구조를 파악해야 발굴방법을 만들 수 있기 때문이다.

내게서 찾아낸 자존감과 사고체계, 그것으로 나는 세상에 대해 그리고 나 자신에 대해서 용서의 마음을 끌어냈다. 나를 용서하며 관대한 자세로 나를 지켜보았다. 그것은 나의 패러다임을 바꿔 나가며 바람직한 방향으로 나를 이끌었다. 그리고 내가 내 삶의 주인이라는 자긍심을 키우게 해 주었다.

그런 내 스스로의 모습에 나는 경의를 표했다. 대견한 나, 머리를 내 손으로 쓸어 주며 나를 창조해 가는 아름다운 사람으로 '나' 자신을 인식하는 연습을 했다.

　나는 용서 못 하는 내 마음이 너무 불편하여 나를 위해, 나 자신과 내가 원망할 수밖에 없다고 여긴 사람들을 용서했다. 하지만 이것으로는 문제가 해결되지 않았다. 견딜 수 없는 상황에서 원망과 분노, 죄책감이 수시로 나를 자극하며 고통을 주었다.

　그러다가 나는 내가 얼마나 무지몽매한지를 알게 되었다. 나는 나의 실패가 이런 무지에서 비롯되었음을 알게 됨으로써 나 자신을 용서하게 되었다. 내가 누구인지, 무엇에 가치를 두고 사는지 몰랐다. 심지어는 내가 무엇을 원하는지도 몰랐다. 우리는 자신을 이해하고, 자신을 둘러싸고 있는 세상을 이해함으로써 비로서 제대로 사는 것이라 여겨진다.

　또한 내가 원망했던 사람들도 나는 용서할 수밖에 없었다. 그들도 나와 마찬가지로 모르기 때문에 왜곡된 삶을 살면서 행복을 몰랐을 것이다. 그러니 내가 할 일은 나 스스로가 누구인지 알아내야 하는 것이었다.

　그러면서 용서라는 말을 내가 사용한다는 것, 그 자체가 교만임을 알게 되었다. 우리 인류는 삶을 지속하면서 '모름'에서 '앎'으로 나아가는 것이다. '모름'이 어울려 극도의 불협화음을 만들고 주변을 어지럽힌 것이다. 이렇게 나는 관대함으로 더욱 나아가게 되었다.

실패로 추락하면서, 이미 내 머리에 켜켜이 쌓여 있던 먼지와 쓰레기의 상당 부분이 저절로 떨어져 나갔다. 하지만 여전히 단편적인 지식들로 혼란스러운 내 두뇌. 애벌레 조직을 퇴화시켜 가면서 정리하고 또 정리했다. 체계화되지 않고 확신이 없는 개념들도 발견하는 족족 다 버렸다. 체계화되지 않은 지식은 내 머리를 복잡한 혼돈 속으로 밀어 넣을 뿐이지, 내게 힘이 되지 못했기 때문이다. 하지만 이런 쓰레기들은 버려도 언제 버려졌냐는 듯이 나를 혼란시킨다. 그럼에도 불구하고 버려진 것들이 다시 돌아올 곳이 없게 나는 새로운 개념들로 체계적인 정리를 지속했다.

지식과 나의 정신자원을 체계화하기 위해서는 생각의 기본이 되는 개념들을 정리해야 했다. 그래야 그에 맞게 조각들이 하나씩 맞추어지면서 체계를 갖추게 되기 때문이다. 애벌레로서 가졌던 수많은 잘못된 지식들을 버리는 것은 힘든 일이었다.

이렇게 대청소가 된 두뇌에 먼지가 털린 과거의 경험이 다시 분류되어 제자리에 놓이게 해야 했다. 새로운 경험들도 정신자원으로 하나씩 쌓여 갔다. 퍼즐의 쪼가리들이 하나씩 제자리를 찾아가면서 모호했던 그림은 점점 확실한 모습으로 나타났다.

그렇게 두뇌는 하나의 시스템으로 정비되어 갔다. 또한 정신자원은 무한히 확장되는 것임을 알았다. 지금은 21세기, 자신이 갖고 있는 정신자원 속에서 늘 창조작업을 함으로써 가치를 창출하는 시대이다. 내가 개발한 두뇌 시스템의 각 모듈과 데이터베이스의 자료를 가지고 융합과 창조를 지속함으로써 가치를 만드는 것이다.

　필요할 때 금을 만들어 내는 연금술사. 우리는 각자의 정신자원으로 필요할 때 가치를 만들어 냄으로써 연금술사가 될 수 있다. 그러니 실패를 두려워할 필요가 없다. 실패를 인정한다는 것은 이미 자신이 설정한 한계를 뛰어넘은 것이며 무한한 정신자원을 축적할 기회를 만난 것이기 때문이다. 처절한 고통과 함께한 흥망성쇠의 기록인 내 삶의 역사, 거기에는 성찰을 통한 풍부한 자원이 담겨 있다. 나는 스스로 이렇게 위로를 하면서 내 정신자원이 늘 풍부해지고 있음을 느끼려고 노력했다.

 실패예찬_애벌레가 번데기를 거쳐 나비가 되기까지

　사람에게는 누구나 자신이 두려워할 만큼의 열정이 있다. 그리고 사람은 누구나 편집증적인 시각과 섬세한 감각, 예민함으로 이 세상의 상식을 저마다 다르게 인식한다. 그러고는 우리 각자의 허상으로 만들어 낸 현실을 또한 잘 이해하지 못한다. 삶에서 나만이 실패하는 것은 아니다. 누구나 허상의 현실을 잘 이해하지 못하니 실패라는 경험을 하게 되는 것이다.

　그러니 일반적으로 사람들은 자신의 열정이 빚어낼 상황에 대한 근본적인 두려움을 갖고 있다. 그 열정이 인정받지 못하고 그 열정을 스스로 통제할 수 없을 때, 그 열정에 치어 죽을 자신의 모습. 그것이 두려운 것이다. 그래서 보통은 극구 자신의 열정을 숨기고 산다. 그러나 나의 단순 무식이, 무모함으로 그 열정을 통제해야 하는 줄 모르고 불나방이 되었었다.

　문득문득 튀어나오는 나의 열정적인 모습은 사람들에게서 조화되지 않은 사람의 인격이라며 또한 비난의 대상이 되기도 한다. 그러나 자신의 열정을 자신 있게 '광기'라고 표현하는 용감한 사람들도 있다. 그중 베르나르 베르베르[10]의 '광기'에 대한 글은 위축된 나를 더욱 초라하게도 한다. 하지만 그의 위축되지 않은 천재성에 박수를 보낸다. 그는 자신을 자신 있게 표현하며 이 지상을 유유히 날고 있으면서 내게 또한 용기를 주기도 한다.

　다음은 베르베르의 '광기(상대적이며 절대적인 지식의 백과사전)'에서 발췌한 것이다.

　"우리 모두는 매일 조금씩 미쳐 가고 있다. 무엇에 미치느냐는 사람마다 다르다. 우리가 서로서로를 제대로 이해하지 못하는 것은 그 때문이다. 나 자신도 편집증과 정신 분열에 사로잡혀 있음을 느낀다. 게다가 나는 너무나 민감해서 현실을 잘못 이해할 때가 많다. 나는 그 점을 알고 있기에 그 광기를 어쩔 수 없는 것으로 받아들이기보다는 그것을 적극적으로 활용하여 내가 하는 모든 일의 동력으로 삼으려고 노력한다. 성공하면 성공할수록 나는 더 미쳐 가고, 미치면 미칠수록 내가 설정한 목표를 더 잘 달성하게 된다. 광기는 각자의 머릿속에 숨어 있는 사나운 사자이다. 그 사자를 죽이려 해서는 안 된다. 그것의 정체를 알고 그것을 길들여 마차에 달기만 하면 아무런 문제가 없다. 순치(順治)된 사자는 어떤 선생, 어떤 학교, 어떤 마약, 어떤 종교보다도 우리 삶을 훨씬 더 높이 끌어올릴 것이다. 그러나 광기가 힘의 원천이 된다고 해서 그것을 과도하게 사용하면 위험하다. 때때로 가속도 붙은 마차가 모든 것을 박살낼 수도 있고, 극도로 흥분한 사자가 자기를 조정하려는 사람에게 덤벼드는 경우도 있기 때문이다."

　그의 글이 내 생각이 맞다고 위로하며 격려한다. 나는 지금 내가 갖고 있는 시각도 이제는 하나의 천재성으로 인정한다. 나의 무모했던 열정은 퇴화시키고, 유연하고 통제 가능한 나비의 열정이라는 조직을 지금 창조하는 것이다. 인간은 모두가 두려움에 사로잡혀 있다. 이런 두려움을 넘어 나는 부활할 것이다, 나비로.

어느 책에서 본 이야기가 있다. 그 책의 저자는 한 실업가를 만난 적이 있단다. 그 실업가는 자신의 집 뒤뜰에서 토마토를 가꾸는 것이 취미라고 한다. 그가 가꾼 토마토는 아주 탐스럽고 맛이 있단다. 이웃 주부들은 그가 이것을 따서 나눠 줄 때면 무척이나 즐거워했으며, 채소밭이 있는 그 집 정원은 지역신문에 여러 번 소개되기도 했다.

그는 그렇게 맛있는 토마토를 재배하는 비결에 대해 "모든 일에 있어 성공의 비결은 높은 목표를 세우고, 그것에 모든 에너지를 집중시키는 데 있다. 나는 자연이 선물하는 최고의 토마토를 만들어 낼 결심을 했다. 그리하여 끊임없이 연구하며 여러 종자를 뿌려 시험해 보았다. 비료는 어떤 것이 좋은지 골라서 뿌렸고, 토마토 한 종류만을 재배했다. 바꿔 말한다면 나는 실패할 까닭이 없었다. 누구나 한 가지 목적에만 전심전력을 한다면 틀림없이 성공을 거둘 수 있을 것이다"라고 말했단다.

이 이야기는 집중력의 영향력을 입증해 주고 있다. 자신이 세운 목표를 이루는 방법은 힘을 여러 일에 분산시키는 것이 아니라 한 가지에 집중하는 것이다. 하지만 이렇게 마음의 힘을 모을 수 있는 것은 자신이 진정으로 원하는 것일 때 가능하다. 잠시 잠깐 마음이 향했다가 다른 것으로 시선을 바꾸고, 자신이 정말 원하거나 하는 것인지 의심도 했다가, 그런 산만한 마음으로는 어떤 것도 이룰 수가 없다.

그러나 나같이 새로운 존재로의 부활을 꿈꾸며 그것을 위한 공부에 집중할 때, 절곡에서 오로지 무술의 연마에만 집중하는 무협소설의 주인공과 같게 된다. 연마하는 것 외에는 이 세상에 아무것도 없게 된다.

나는 매일 성장을 느끼면서도 늘 '실망'이라는 그런 감정을 만났다. 그러나 세상을 둘러보니 누구나 그러하다. 그래서 점점 실망이라는 감정을 만나도 나는 실망하지 않게 되어 갔다. 하지만 실망이 사라진 것은 아니다. 여전히 일이 잘 안 된다거나 주변 사람들에게 인정받지 못함으로써 나는 실망이라는 감정을 만난다. 하지만 이제 실망이 나의 삶을 다시 와장창창 무너지게 하진 않는다.

내게는 독특하고 특별한 장점이 있다. 아직 그것을 찾아내지 못했거나, 작동시키는 방법을 잘 몰라서 실수했을 뿐이다. 계획했던 일이 자꾸 어긋나고 잘 안 된다고 해서 쉽게 좌절하거나, 함부로 결론을 내리면 안 된다고 내 깊은 곳에서 알려 준다.

지금보다 더 힘들고, 험한 산도 거뜬히 넘은 경험이 내게는 있다. 작고 큰 다양한 성취와 성공의 경험들이 힘내라고 열심히 내 안에서 응원하고 있다. 인간의 삶이란 이렇게 고난과 기쁨이 수시로 교차하면서 배워 나가는 것이다. 나는 내 꿈을 접지 않는다. 꿈을 접는다면 나는 나비가 되지 못하고 번데기 안에서 흉측한 모습으로 삶을 끝내는 것이다.

이렇게 나는 늘 여전히 실망이라는 감정을 만나나, 그것에 좌절하지 않게 조금씩 변해 갔다. 지나온 길을 조용히 돌아봄으로써, 나를 격려했다. 내가 포기하지 않는 한 나는 내 꿈을 이룰 수 있다. 그런 자신감을 내 과거 성공했던 경험에서 다시 찾아 들면서, 오지도 않은 미래에 대한 걱정도 가라앉혔다. 내일도 나는 행복을 선택할 것이라는 믿음 속에서, 지금 여기에서 나는 목표에 집중했다. 나는 꿈을 향해 사투(死鬪)를 벌이는 지금, 내가 선택한 행복을 누린다. 늘 실망을 만나기도 하면서 나는 지금 여기에서 행복할 것이다. 그것이 또한 내 미래이다.

과정에 집중

우리에게 목표란 '결과'를 지향하고 이루어 내는 것을 뜻한다. 그래서 목표를 정하고 충분한 조사와 생각 끝에 이루어 낼 수 있는 전략을 세운다. 하지만 내가 주변에서 관찰한 대부분의 사람들은 목표의 결과에 집중한 나머지 이미 세운 전략을 다시 생각하기 시작한다. 그 결과를 이룰 수 있을지 불안해지고 자신감이 사라졌기 때문이다. 그리곤 다른 전략으로 바꾸거나 전략을 보완하는 그런 계획들을 세운다.

이는 마음이 목표로부터 이미 멀어진 것을 의미한다. 그리고 이미 마음은 그 일에 집중하지 못하고 있음을 뜻한다. 점점 두뇌는 결과가 이루어질 수 없는 수만 가지의 이유들을 찾아낸다. 좋은 머리가 부정적인 부분에 집중해 안 되는 이유만 찾아 대면서, 목표를 향해 나아가지 못한다.

그런 모습을 관찰하면서, 나는 내가 지금 계획한 일의 결과와 내 과거에 대해서 생각해서는 안 된다는 것을 깨우쳐 알게 되었다. 그리고 내가 이미 세운 전략을 평가하면 절대 안 된다는 사실도 알아차렸다. 이렇게 내 마음을 분산시키는 뇌의 자연스러운 기능에 제동을 걸기 위해서, 나는 명확하고 뚜렷한 목표를 세워야 했다. 그리고 그 목표에 내가 단호하게 대처해야 했다.

목표의 결과에 집중하게 되면 집중에서 멀어진다. 내 목표는 지금 하고 있는 일을 진행하는, 지금 여기에 집중하는 것이 되어야 했다. 내가 결과가 아닌 과정에 집중할 때 마음 안에 생생하고 충만한 열정이 움직이는 것을 느낄 수 있었기 때문이다. 그리고 결과는 그야말로 맡기는 것이다. 그리고 이 세상이 나의 편임을 믿는 것이다.

"우리는 우리가 아는 것보다 훨씬 더 현명한 존재다.

우리가 우리의 생각을 손상시키지 않고 전적으로 자신의 생각에 따라 행동하거나 또는 사물들이 어떻게 신을 상징하고 있는가를 깨닫게 된다면, 우리는 특정한 사물, 나아가 모든 사물과 모든 인간을 알 수 있다.

왜냐하면 이 모든 세상의 창조주가 우리의 배후에서 우리를 통하여 모두에게 자신의 가공할 전지전능을 행사하기 때문이다."

내가 닮고 싶은 사람, 랄프 왈도 에머슨이 내게 준 선물이다.

 힘 빼는 작업을 하지 말아야 

사람은 살아 나가면서 많은 문제를 만난다. 주위를 둘러보니 문제가 없는 사람은 없다. 그렇다면 산다는 것은, 문제를 해결하는 그런 과정일 것이다. 하지만 우리가 문제만 바라보면 실패하게 된다. 문제가 만드는 그 상황에 빠져들어 근심 걱정만 하게 되기 때문이다.

내가 문제의 해결책에 집중할 때 문제는 해결되었다. 그리고 나는 이렇게 계속 문제를 만날 것임을 인정해야 했다. 나는 해결하면서 앞으로 나아가는 것이다. 내가 애벌레로서 살면서 나의 성장을 느끼지 못하고 우울했던 이유는 문제에 집중함으로써 근심과 걱정에 사로잡혀 앞으로 나아가지 못했기 때문이다. 늘 뭔가 들끓지만 정지된 삶이었다. 그러므로 꿈도 삶의 방향도 몰랐다. 우울했고 위축되었었다. 문제 자체에 쏟는 에너지를 문제의 해결에 쏟으니 성공은 나의 것이 되었다. 실수에 감사하며 배우면서, 계속 앞으로 전진하는 것이다.

이제 어떤 상황을 만나도 담대해져야 한다. 나는 내게 주어진 문제를 풀면서 앞으로 나아가는 사람이 되었기 때문이다. 그러니 담대해져야 하는 것이 아니라, 나는 이미 이해했으므로 담대한 사람이 되었다. 그런 나를 사랑하고 그런 나를 뒤에서 응원하는 나의 절대자와 이 세상을 믿어야 한다. 그렇게 나는 내 힘을 소모시키는 문제들에서 조금씩 편해지기 시작했다.

믿음

옆집 아주머니가 수능 시험날, 교회에서 기도를 9시간 했단다. 시험날 많은 부모들이 교회에서, 절에서…… 정성을 다해 좋은 결과를 기원한다.

또 행운을 주실 신께 열심히 구하기 위하여 새벽잠을 내어 쫓고 기도를 한다. 간절함으로 그 무엇인가 자신에게 주어질 행운의 열쇠를 늘 애타게 찾는다.

그러고는 사람들은 신앙과 종교를 통해 행운을 받을 것이라고 무작정의 낙관주의자가 되기도 한다. 그러다 불안해지면 행운을 줄 신에게 잘 보이기 위하여 헌금이나 시주, 시간을 드리는 일에 집중한다. 이렇게 사람들은 불안을 지우기 위해, 신에게 사랑받기 위해 노력한다.

그것으로 잠시나마 행운을 기다리면서 안도를 하기도 한다. 이것은 마취제나 진통제를 통해 잠시 아픔을 잊는 것과 같다. 효과가 지속되지 않으니 계속 약을 찾는 것과 같은 행위를 또 하게 된다. 그러다 중독이 된다. 어쩌다 종교생활에 소홀하면 그 탓에 불운이 왔다고 자책을 하기도 한다.

하지만 우리는 모두 이미 행운의 열쇠를 가진 사람들이다. 내가 그것을 인정하고 열쇠로 문을 열고 나가면 된다. 나 자신이 스스로 그럴 만한 충분한 자격을 가졌다. 그것을 알고 이해를 해도 내 것으로 만들기까지는 고백하건대 많은 시간이 걸렸다.

나는 『리그 베다』[11]에 나오는 다음의 글귀를 수시로 꺼내 보면서 내 존재감과 믿음을 키워 갔다.

"사람에게는 천 개의 머리, 천 개의 눈이 있고
세상 구석구석을 누비는 천 개의 다리가 있다.
사람은 열 손가락으로 현세를 벗어난다.
사람은 이 우주 그 자체이며 과거이고 미래이다.
사람은 멸하지 않는 세계의 주인이다.
그는 양식이 없이도 자랄 수 있기 때문이다."

그리고 밤마다 걸으며 "나는 신의 딸이다. 존귀하고 건강하고 부유한 존재이다"를 집중해서 내게 깨우쳐 주며, 내 마음 판에 깊게 깊게 새겼다.

❝ '꼭'이 아니라 '반드시' ❞

나는 처음엔 빨리 부활해서 제대로 된 삶을 살고 싶었다. 그리고 꼭 성공해야지, 나 때문에 피해 본 사람들에게 돈을 갚아야지 하면서 조급해했다. 이것은 나만이 아니라 대부분의 우리들은 보통 '꼭 성공해야 해' 등등 내가 무엇인가 '꼭' 이루어야 한다는 것에 쫓기곤 한다. 그러다가 깨달았다. 이것은 '지금'에 내가 머물지 못하고 결과가 나타날 미래에 불안함으로 먼저 가 있기 때문이라는 것을. 이것은 여전히 나 자신을 신뢰하지 못한 결과였다.

나는 '꼭 이러이러해야 한다' 하지 말고, 원하는 모든 것들은 '반드시 이루어진다', '반드시 ……이 될 것이다'라고 믿어야 했다. 미래는 그 확신으로 가야 했다. 내 맘 가득히 믿음을 채워야 했다. 사실 '꼭'이란 단어가 내게 스트레스를 주었기 때문에, 마음이 편하지가 않았다. 하지만 과정에 집중하며, '지금'에 항상 머무는 내가 되기 위하여 늘 깨어 나를 살폈다. 나는 '반드시'라는 단어가 갖는 의미처럼 결과를 확신해야 했다. 이는 나 자신의 목표가 신념으로 바뀌었음을 뜻한다.

올바른 가치관과 목표를 갖고 '반드시'라는 신념으로 '지금'에 집중한다면, 반드시 목표는 성취될 것이다. 나는 나의 가치관이 올바른지 분별하기 위하여 성경과 깨달은 이들의 글들을 살폈다. 그러다 알게 되었다. 바르지 못하고 어딘가 조금 왜곡되면 그 왜곡이 계속해서 확장되는 것임을. 이미 내 과거의 실패가 그랬음에도 부족한 나는, 이런 진실 하나하나를 내 것으로 만드는 데 정말 엄청난 시간과 노력이 들었다.

"그러나 여성은 결코 약하지 않다. 보기보다 훨씬 강하고, 지나고 보면 더욱 강하다. 지독한 상황을 딛고 일어서는 모습을 보면 그 저력이 믿기지 않을 정도다. 너그러움과 지혜 그리고 넉넉함을 잃지 않고 꿋꿋하게 살아난 여성들은 정말 신비롭다."

위의 글은 알리스 슈바르처[12]가 『아주 작은 차이』[13] 서문에서 한 이야기이다. 너그러움과 지혜 그리고 넉넉함을 잃지 않고 꿋꿋하게 살아 내는 아름다운 여성이 갖고 있는 힘을 얘기한다. 이 글이 마치 나를 보고 쓴 것처럼, 나는 내게 주는 말로 받아들이며 또 기운을 끌어내며 훈련을 했다.

긍정과 집중의 힘

인간은 무한한 능력의 소유자라고 말한다. 성경에서도 이 말을 만났다. 예수 그리스도는 인간이 신의 자식임을 말해 주며, 여기 있는 산도 저리로 옮길 수 있는 능력자라고 말해 주었다. 하지만 보통은 그 사실을 믿지 못하고, 나도 내 자신의 힘을 믿지 못한다. 그 믿음은 조금 커지다가도 쉽게 멈추면서 '네 까짓 게'라는 생각을 들이민다.

　나는 그 사실을 믿기 위하여 내게 옛날 중국 한나라의 유명한 장수 이광[14]의 이야기를 내게 자주 들려주었다.

　이광은 어릴 적부터 힘이 장사였고, 천성이 쾌활하여 산야를 달리며 사냥하기를 즐겼단다. 그는 대단한 명궁으로, 그의 화살이 날아간 곳에는 어김없이 새나 짐승들이 쓰러져 있었다고 한다. 어느 날 그는 산 중에서 혼자 사냥을 하다가, 깊은 숲 속에서 길을 잃었다. 날은 어두워지고, 그는 길을 찾아 이리저리 헤매던 중, 문득 풀숲에서 거대한 호랑이가 자신을 노려보고 있는 것을 발견했다. 그는 놀란 가슴을 진정하고 급히 화살을 집어 들었다.

　호랑이가 너무나 가까이 있었기 때문에 이 화살이 빗나간다면, 그는 영락없이 호랑이 밥이 되고 말 상황이었다. 그는 온몸의 신경을 곤두세우고 호랑이를 향하여 활시위를 당겼단다. 그러나 이상하게도 호랑이가 분명히 화살을 맞았는데 전혀 움직임이 없었다. 이광이 다가가 보니, 그것은 호랑이가 아니라 호랑이처럼 생긴 바위였다. 그가 쏜 화살은 바위 깊숙이 박혀 있었다고 한다.

　기이한 생각에 그는 그 바위를 향하여 다시 화살을 쏘았으나, 이번에는 화살이 박히기는커녕 화살촉은 튕겨 나가고 화살대도 부러지고 말았다. 상대가 호랑이라고 생각했을 때 쏜 화살과 호랑이를 닮은 바위라고 생각했을 때 쏜 화살. 똑같지만 화살을 쏜 사람의 집중도와 생각에 따라 그 결과는 이렇게 다르다. 아마 여기에는 호랑이라 맞을 것이라는 긍정의 힘도 작용했다고 여겨진다.

　이것이 바로 집중의 힘과 긍정의 힘이다. 나는 나의 목표에 집중하여 화살이 바위를 뚫듯이 목표를 이룰 수 있다. 그런 긍정의 힘을 지속적으로 연마했다.

정체성이 확실해야

　내 과거를 돌아보면 정체성이 모호했던 것 같다. 아니, 모호했다. 그래서 정서적으로 안정이 안 되었었다고 여겨진다. 그러니 당연히 나 자신을 믿지 못했고, 세상도, 남도 믿지 못했다. 그래서 나는 '의탁'을 몰랐고, '맡긴다'라는 것을 몰랐다.

　이런 나 자신의 정체성을 만들어 가면서 내가 존경하는 랄프 왈도 에머슨의 이야기를 되새겼다.

　"술에 취해 거리에 쓰러져 자고 있는 주정뱅이를 공작의 집에 데리고 가, 깨끗이 씻기고 옷을 갈아입혀 공작의 침대에 눕혀 놓았다. 그리고 그가 깨어나자 마치 공작인 양 극진하게 모셨다.

　그러자 주정뱅이는 자기가 과거에 잠시 정신이 나가 있었다고 확신했다. 이 우화가 사람들에게 널리 알려진 이유는 인간이 어떤 존재인가를 묘하게 상징하고 있다는 점 때문이다.

　인간이란 이 세상에서 사는 일종의 주정뱅이다. 그러나 때때로 술이 깨어 정신을 차린 뒤, 자기가 진짜 왕자라는 것을 알게 되는 것이다."

　정체성을 확실히 하고 그에 맞는 습관과 사고, 의식을 갖추어야 한다. 나는 존귀하고 건강하고 행복한 존재라는 의식으로 내 세포 하나하나까지 채워야 했다. 그리고 자유로운 존재로 이 세상을 가볍게 날아다닐 것임을 확신하면서, 내 몸과 마음을 밝고 건강하게 만드는 일에 집중했다.

시너지 효과

우리는 어떤 목적을 가지고 흩어져 있는 낱개의 것들을 모아 하나의 시스템을 만든다. 기업의 경우로 예를 들어 보면, 제조를 담당하는 기업과 유통을 하는 기업 등 같은 분야의 다른 역할자들을 모을 수 있다. 또는 한 유통채널의 활용을 극대화하기 위하여 그 유통채널에 공급 가능한 다양한 제조업체들을 모을 수도 있다.

이럴 때 매출 규모 10억의 5개 기업이 모여서 50억의 매출을 공동으로 발생시키는 것이 아니라 1,000억 또는 그 이상의 매출을 올릴 수 있는 것이 바로 시너지 효과이다. 이렇게 흩어져 있던 것들을 한군데 모아 수십, 수백 배의 효과가 발생하는, 산수적인 개념으론 이해할 수 없는 이러한 힘을 시너지 효과(synergy effect)라고 한다.

이런 극대화된 효과를 창출하기 위해 리더는 뚜렷한 목적의식을 가지고 개체를 모아 하나의 시스템을 만들어 내야 한다. 그러한 시스템은 확실한 존재이유를 가졌기에 하나하나 목표를 만들고 수행하는 과정에 유기체적인 관계가 긴밀해진다. 너와 나라는 개체의 벽을 넘어 '우리'라는 시스템이 완성되도록 하는 것이 바로 리더의 역할이다.

나 자신도 하나의 시스템이다. 나를 이루고 있는 수많은 '나'를 모아 하나의 목표에 집중하게 하는 나 자신의 리더! 그래야 내가 성공적인 삶을 살 수 있다. 나의 내부에서 속삭이는 수많은 소리를 떨치고 오늘도 '지금', '여기에' 집중하여야 한다.

꿈꾸는 자—강한 자

　나비는 번데기에서 껍질을 깨고 나오기 위해 껍질과 투쟁해야 한다. 번데기도 하나의 세계였다. 변태를 완성하려면 하나의 세계를 깨뜨릴 힘이 있어야 한다. 또한 자신이 그럴 수 있는 존재임을 믿어야 한다.

　스스로 약하다고 인식하는 것은 서러운 존재라고, 본인이 느끼는 것이고 인정하는 것이다. 그러니 자기 자신을 제대로 드러낼 수도 없다. 그런 모습이 사람들에게 무엇인가 늘 내게 요구하고, 압박하게 했다고 본다. 이게 내 예전의 모습이었다. 나는 강해져야 했다. 그러기 위해 스스로 자격을 갖추어야 했다. 그리고 꿈은 오직 강한 자만이 꿀 수 있는 특권이다. 이 특권을 이제 나의 것으로 하기 위하여 나 스스로 강한 자라는 인식을 가져야 했다.

　그러기 위해 우선 나의 약함을 인정함으로써 강해질 수 있는 방안을 모색했다. 강함을 스스로 느끼기 위해, 나 스스로 자격을 갖추어야 한다. 내공으로 내부를 단련하고, 외공으로 나의 외부를 단련했다. 건강한 몸에 건강한 정신이 깃든다고 했다. 나는 내 약해진 육신에게 건강하다고 계속 얘기해 주었다. 나 스스로가 건강체임을 내게 확신시키며, 단련을 위해 걷고 또 걸었다.

　사람들 머릿속에는 수많은 정보가 존재한다. 하지만 머리에 든 정보와 실제를 일치시키지 못한다. 나는 달라지기 위해 훈련했다. 머릿속에 있는 정보를 바로 현실로 끄집어낼 수 있게 말이다.

인간은 수많은 상념을 하게 된다. 처음에는 지루함을 잊기 위하여 상념에 빠진다. 하지만 시간이 지나다 보면 자신도 모르는 사이에 공상의 세계에 빠져든다. 상상은 또 다른 상상을 부르고, 상념은 눈덩이처럼 크게 불어난다. 그렇게 자신의 상상에 뼈대를 세우고, 살을 붙이다 보면 어느새 그게 실제인 것처럼 믿게 된다. 자신도 의식하지 못하는 사이에 말이다. 그렇다면 내가 나비가 되어 이 세상을 훨훨 날아다니는 상상을 본격적으로 하면 된다. 내가 사고하는 모든 것들이 나의 상상에 뼈대를 세우고 살이 된다. 그리고 나는 진정한 나비로 부활하는 것이다.

해인(海印)

무심코 다니던 길의 나무들과 풀들이 새삼 정겹게 다가온다. 그 정겨움이 멈추어 작은 풀들의 아름다움을 느끼게 나를 인도한다. 그러면서 '해인'이란 단어가 또 내 마음에 떠오르며 나를 잡았다.

'해인삼매'란 석가모니가 화엄경을 설할 때에 들어간 선정(禪定)으로, 고요한 해면(海面)이 만상(萬象)을 비추듯, 번뇌를 없애고 우주의 모든 것을 깨닫는 경지를 말한다. 마음이 고요한 해면 같으면 주변의 풍광이 있는 그대로 비추인다. 하지만 마음이 일렁이면 있는 모습 그대로가 아니라 왜곡되어 인식된다.

나는 늘 고요하지 못하고 크고 작은 파도를 치며 일렁이는 내 마음을 관리하는 것이 제일 급한 일임을 깨우쳤다. 내 마음의 파도는 두려움으로, 수치감으로, 열등감으로, 배고픔으로, 인간관계에서의 상처로 고요할 사이 없이 치고 또 쳤기 때문이다.

우선 내 마음을 고요함으로 있게 하는 것이 세상을 제대로 아는 유일한 방법임을 알아차렸다. 그래도 늘 요동치는 나를 보며 세상을 바라보는 나의 왜곡된 시각도 이해해야 함을 알았다. 또 요동치는 나를 보며 늘 부족할 수밖에 없는 나를 인정할 수밖에 없었다. 이런 부족함을 인정한다는 것은 끊임없는 학습과 연마가 필요하다는 말이다. 나는 이제 내 삶이 끝나는 그 순간까지 이런 부족함으로 살아야 함도 깨닫게 되었다.

새로운 가능성의 세계가

내가 마음을 조금씩 움직이는 것과 같이해, 내 몸에서도 조금씩 변화가 일어나고 있었다. 창백했던 안색이 본래의 빛을 되찾아 가고, 조금씩이지만 망가졌던 육신이 본래대로 수복되고 있었다. 더디지만 확실히 회복되기 시작한 것이다.

고갈되었던 생명력이 회복되고 있었다. 아무도 찾지 않는 어두운 번데기 속에서 그렇게 나는 조금씩 변화되고 있었다.

"꿈을 선택하면 당신에게는 완전히 새로운 가능성의 세계가 열린다. 당신은 전혀 상상하지도 못했던 방식으로 성장하고 배우게 될 것이다."

마이클 케리건[15]이 한 말이다. 그의 말처럼 나는 나비가 되기로 결정했고, 그 꿈이 나를 새로운 세계로 인도할 것이다. 그리고 나는 예전에 애벌레였던 내가 상상하지 못했던 방법으로 성장하고 배우는 것이다.

안다는 것과 받아들인다는 것은 다르다. 길을 아는 것과 길을 가는 것은 다르듯이 그저 있는 그대로 받아들이는 거다. 지금 가는 이 길은 내가 선택한 길이다. 잠시 나는 삶의 중간에 그 길을 잃기도 했다. 그러나 다시 '나' 자신을 찾았고, 그 길도 찾게 되었다. 그 길을 가면서 나는 나날이 성장하는 나를 보고 느낀다. 그 길은 나에게 완전히 다른 신천지를 보여 주고 있다. 꿈이 나의 삶을 인도한다. 그것을 느끼는 삶이 진정한 삶이다. 그리고 꿈을 향해 가는 것. 그것이 나의 존재 의미이다.

산다는 것은 꿈꾸는 것

꿈을 상실한 사람은 두 날개를 잃은 새와 같다. 산다는 것은 꿈꾸는 것이고, 산다는 것은 꿈이 있다는 것이기 때문이다. 꿈이 있다는 것은 희망이 있다는 것이다. 희망이 있다는 것은, 비전을 이미 갖고 있다는 것을 의미한다. 비전을 지닌다는 것은 존재의 목적의식이 있다는 것이다. 비록 힘없고 하찮은 존재라 하더라도 꿈을 가질 때 얼굴은 밝아지고 생동감이 흐르며, 눈에는 광채가 돌고, 발걸음은 활기를 띠게 된다.

그러니 당연히 꿈이 있는 사람이 행복한 사람이고, 꿈꾸는 자가 인생을 멋지게 사는 사람이다. 꿈이 있는 사람이 참인생을 알고, 멋을 아는 사람이다. 그렇다면 나는 당연히 멋있고 매력적인 사람일 수밖에 없다. 이런 생각들이 나의 연마 과정에 에너지가 되어 주었다.

그런 에너지로 내가 나비가 되어 날 수 있다는 꿈을 확실하게 형성했다. 그리고 내 몸의 세포 하나하나가 그것을 믿도록 각인하는 작업을 했다.

늘 마음이 문제

고양이와 큰 짐승이 무서워서 집에서 늘 웅크리고 꼼짝하지 못하는 한 마리의 생쥐 우화가 있다.

어느 날 신(神)이 그 생쥐를 긍휼히 여겨 고양이로 만들어 주었단다. 고양이가 된 생쥐는 더 이상 무서울 것이 없다는 생각에 당당히 거리로 나섰다. 그런데 순간, 커다란 개가 달려오는 것을 보고는 너무나 무서워 정신을 잃었다. 고양이가 된 생쥐는 다시 겁이나 집 안에 숨어 있게 되었다.

신은 다시 한 번 아량을 베풀어 그가 무서워하는 개로 둔갑시켜 주었다. 그러나 개가 된 생쥐는 이번엔 사자를 무서워했고, 신은 이젠 마지막이다 하고 생쥐를 사자로 만들어 주었다. 그때 어디선가 "빵~~~" 하는 총소리가 들려왔고, 사냥꾼이 뛰어오는 것이 보였다. 사자가 된 생쥐는 도망치며 생각했다. '이 세상에 제일 무서운 것은 사냥꾼이야.'

생쥐를 도와주려던 신은 그를 다시 생쥐로 만들었다는 얘기다.

이렇게 생쥐는 자신의 모습이 무엇으로 바뀌든 항상 생쥐의 마음이었다. 이 우화가 내게 주는 가르침은 내 의식을 먼저 바꾸어야 한다는 것이다. 나비가 되기 이전에 내 의식이 먼저 나비가 되어야 한다. 그런 나는 지금 여기에서, 나비가 되어 이 세상을 날 준비를 하는 대단한 능력과 힘을 가진 멋있는 존재임을 내가 믿어야 했다. 생각의 방향을 나의 내면으로 돌려 스스로 목표를 이뤄 낼 사람으로 인식하는 그런 내가 되어야 했다.

선택

내 자신감은 아주 작은 자극에도 무너져 내린다. 내 의지력 또한 외부 사람의 눈길 하나에도 풍선에서 바람이 빠지듯 위축된다. 하지만 그 어떤 상황에서도 나는 '내 자신에게 힘을 부여하고, 삶을 살아가면서 꿈을 실현할 수 있는 능력'이 있음을 믿어야 했다. 그 믿음을 강화하기 위해 나는 내가 해야 하는 생각을 선택해야 했다.

"선택. 얼마나 막강한 위력을 지닌 개념인가! 지상의 살아 있는 모든 유기체와 인간을 구분해 주는 것은 선택이다. 의식적이건 무의식적이건 우리 자신의 삶의 길은 우리 자신이 선택하거나 타인의 선택하(그것 역시 선택이다)에 놓인다. 불행히도 지금의 상황이 만들어지도록 모든 선택을 한 사람이 바로 자기 자신이라는 사실을 이해하지 못하는 사람들이 많다."

이 글은 마이클 케리건의 책, 『나는 어떤 선택권을 가지고 있는가?』의 서문에서 존 퍼먼이 한 말이다.

존 퍼먼[16]은 『거절을 즐겨라—거절을 긍정으로 바꾸는 21가지 비법』의 저자로 서문의 제목은 '우리 모두를 위한 선택'이다. 그는 이 서문에서 "내 유일한 소원은 삶을 고양시켜 주는 이 정보를 읽고 그것을 적용시켜 보고자 하는 긴박감을 당신의 마음속에 불러일으키는 것이다. 당신의 선택은 당신뿐만 아니라 다른 사람들에게도 이 세상을 더 살기 좋은 곳으로 만드는 것이다."

그는 또한 우리에게 "더 이상 상황의 희생양이 되어서는 안 된다"며 적극적인 삶에 대한 소망을 말한다.

이렇게 좋은 말을 만나는 것도, 그것이 내 마음을 강하게 자극하는 것도, 내게 주어진 축복이라고 여겼다. 좋은 말이면 나의 것으로 선택하고, 내 것으로 만들어야 한다. 내 삶에 적용시켜야 한다. 하지만 적용의 미세한 차이는 늘 내게 새로운 실패라는 현실을 가져왔다. 그래도 끊임없이 원인을 분석하고 내 마음 판에 말을 새기며 나는 무술을 연마하듯이 끊임없이 하고 또 했다.

성공이라고 자부할 수 있는 것은 과거나 현재의 위치에 달려 있는 게 아니다. 성공은 성공하는 데 필요한 준비를 하고자 하는 의지에 달려 있는 것임이 확실하다. 그 의지에 따라 행동을 시작하는 날이 바로 성공으로 향하는 첫걸음을 떼는 날이다. 이렇게 삶에서 중요한 것은 '지금' 내가 있는 '여기'에서 스스로 선택한 그 무엇을 하는 것이다.

관찰

내 마음과 나의 직관이 이끄는 대로 살아갈 용기가 필요했다. 내가 삶을 이해하기 위해서도 열정적인 노력이 필요했다. 그 삶을 이해하고 내가 좋아하는 세상과 삶을 이제 즐길 수 있는 나비로 부활하기 위해선 끊임없이 의지와 내 정체성을 고수하기 위한 열정과 노력이 요구되었다. 나는 열정을 가지고 내 주변을 관찰하는 노력을 했다.

나는 어릴 때부터 몇 시간씩 앉아서 사람들을 관찰했다. 그리고 모든 것으로부터 자극을 얻었다. 바람, 작은 풀잎에서도. 나는 날마다 배운다. 뭔가 새로운 것을 얻는다. 끊임없이 탐구하고 나의 것으로 만든다. 이것은 누구나 사람이라면 다 하는 일이다. 하지만 그것이 깨우침이 되거나 아이디어로 되는 것은 '화두'가 있느냐 없느냐에 달려 있다. 그리고 자신에게서 일어나는 그런 과정을 의식하느냐 하지 않느냐에 달려 있다.

파스퇴르[17]가 "관찰의 세계에서 기회는 준비된 사람에게만 찾아온다"고 했다. "구하라", "두드리면 문이 열릴 것이다"라고 성경에서도 가르침을 준다.

No, 고정관념

인간 두뇌의 질량은 몸 전체의 2%에 불과하다. 그런데 가장 편안한 자세를 취하고 있을 때에도 두뇌는 우리 에너지의 20%를 소모한다고 전문가들은 말한다. 더구나 생각에 몰두하게 되면 뇌의 에너지 소모량은 급속히 증가한다.

그래서 우리 인간이란 시스템은 두뇌가 에너지를 최소한 사용하도록 고안되어 있다. 그 장치의 하나가 사람들로 하여금 자연스럽게 고정관념에 의존하도록 하는 것이다. 그래서 사람들은 어떤 사물에 대해 한 번 판단하고 나면 그와 유사한 사물이나 자극에 대해서 다시 생각하거나 평가하지 않는다. 거의 무의식적으로 기존의 고정관념대로 움직인다. 이렇게 사고의 습관이 형성된다. 즉 매너리즘에 빠지게 된다. 그래서 과거의 습관이나 제도에서 벗어나기가 힘든 것이다.

이런저런 생각과 경험으로 틀에 박힌 생각더미들. 이런 쓰레기들을 치워 버리는 절호의 기회가 바로 실패이다. 하지만 그 습관들은 여전히 남아 있어 퇴화시키기가 쉽지가 않다. 하지만 변화하기 위해서는 창의성으로 도전하고, 실수하고, 학습하는 것이다. 그리고 다시 자신을 추슬러 또 도전하는 것이다. 그러니 실수를 두려워하지 말아야 한다. 똑같은 실수를 반복한다는 것은 실수를 통해 학습이 아직 제대로 되지 않았다는 뜻이다. 늘 새로운 실수를 통해 학습을 하는 것이다. 실수의 반복에도 절망할 필요가 없다. 그만큼 힘든 일에 여전히 도전하는 자신을 기특하게 봐야 한다.

　실패에 대한 두려움을 버리고 도전할 때 비로소 내면에 잠재해 있던 창의성이 기지개를 켜며 깨어난다. 그 길을 쉬지 않고 걸어갈 때 내가 꿈꾸는 세상을 만날 수 있다. 위험을 받아들이지 않으면 아무것도 할 수 없다. 위험을 감수하는 일을 칭찬해야 한다. 위험을 감수하지 않고는 성공할 수 없다. 성공하려면 실패에 겁먹지 말아야 한다.

　실패에 대해 원인을 파악하고 무엇을 어떻게 해야 할지 생각하지 않으면 실패를 반복할 수밖에 없다. 실패는 원인을 분석하고 과정을 깊이 있게 생각해 새로운 방안과 창조적인 아이디어를 도출해 내는 학습의 과정이다.

　실패를 두려워하지 말라는 이야기는 무조건 실패를 용인하라는 뜻이 아니다. 실패에 주저앉지 말고 원인을 분석해 새로운 도전을 감행하라는 것이다. 그렇게 새로운 실패가 쌓이고 쌓일 때, 비로소 성공이라는 단 열매를 맛볼 수 있다.

　실패는 성공의 원동력이다. 하지만 이것은 나의 선택에 달려 있다. 회복 불가능한 치명적인 실패란 없다. 그리고 도전에는 늘 실패와 시행착오가 따르기 마련이다. 실패의 경험이 없는 사람은 아무도 없다. 그 실패를 어떻게 받아들이느냐가 중요하다. 실패를 통해서 배우고, 실패를 통해서 성장하는 것이다. 실수를 통해 교훈을 얻은 사람은 분명히 다음번엔 더 나아질 것이다.

　나는 지속되는 실패를 겁내서는 안 된다는 내 깊은 곳의 말을 귀담아 들으며, 오히려 그런 나를 찬양했다. 실패라는 벽 앞에 당당히 맞설 때, 내가 원하는 찬란한 꽃을 피울 수 있기 때문임을 깨우쳐 알았기 때문이다.

"No, 루저(Loser)"

　루저란 아무에게서도 인정받지 못하는 사람을 뜻한다. 그래서 나는 신을 찾았고 나의 내면을 탐색했다. 나의 숨은 재능을 발견하고, 바른 정신적 자세를 내가 갖고 있음을 알았다. 긍정적인 정신 자세와 불굴의 투지도 갖고 있음을 알게 되었다. 그것들을 찾아내 스스로 꽃필 때까지 참고 기다렸다. 내가 나를 깊이 이해하고 끝까지 믿어 주자 나의 숨은 재능은 서서히 그 모습을 드러내게 되었다. 내가 나를 인정하고 믿어 줌으로써 말이다.

　走馬看山(주마간산)이란 말은 말을 타고 달리면서 산을 바라본다는 뜻이다. 일이 몹시 바빠서 이것저것 자세히 살펴볼 틈도 없이 대강대강 훑어보고 지나침을 비유한 한자성어이다. 힘차게 달리는 말 위에서는 사물을 아무리 잘 살펴보려고 해도 말이 뛰는 속도가 빨라 순간순간 스치는 모습만 겨우 볼 수 있을 뿐이다. 말에서 내려서 천천히 보면 될 텐데, '몹시 바빠'라는 상황을 설정해 놓고 말에서 내릴 수 있다는 생각마저 못한 것이다. 어리석었던 나의 삶이었다. 그래서 나는 실패를 통해 '루저(loser)'라는 평가를 받았고, 내 곁에 있던 사람들과 필수 생존요소라고 생각되던 모든 것을 잃었다.

　그래도 달리는 말 위에서나마 대강대강이라도 본 것이 그나마 기특(?)하기도 하다. 주마간산으로 봤던 경험을 기억해 내며, 이제는 말도 없으니 걸으면서 세세하게 본다. 그런 디테일이 내 경험들을 세밀하게 모자이크해 줄 것임을 이제는 믿는다. 대충이라도 이해했던 것들을 이제 아

주 상세하게 분석하고, 사람들과 세상도 미세하게 들여다보면서, 나는
사람들의 마음을 움직이는 메커니즘을 배운다.

자기창조경영

두려움이 없는 경영, 누구나 바라는 것일 게다. 여기서 경영이란 삶의
경영을 말한다. 자신의 내면에서 찾아낸 삶의 소명의식을 갖고, 자신이
되고 싶은 그 모습으로 자신을 창조하고, 그 창조과정을 경영하는 것이
다. 자신을 돕는 이 세상의 모든 힘과 함께.

사람들은 삶이 두렵다. 그래서 그들은 어떤 상황에서도 자신감에 찬
모습만을 보이기 위해 노력한다. 그래서 마치 그 문제에 대한 답을 갖고
있다는 듯이 행동한다. 사람들의 메커니즘을 조금 이해하고 나니, 이제
그들의 허세가 보인다. 여전히 내게서도 보인다. 사람들은 내면이 약할수
록 내가 그리 두려워했던 폭력성과 야만성을 노출한다. 자신감이 없을수
록 자신을 위로하기 위하여 고개를 비스듬히 쳐들고 눈은 옆으로 내려뜨
고, 내려다보는 자세를 취한다. 그렇게 자신이 다른 사람들을 내려다봐야
마땅한 존재라는 느낌을 갖기 위해서일 것이다.

그리고 자신이 갈 길을 못 찾으니 사람들은 경쟁을 한다. 삶의 의미도
비전도 없기 때문이다. 그래서 목표도 없다. 경쟁이 목표가 되는 것이다.
이 말은 누구나 삶에서 확실한 목적이 있어야 살 수 있다는 뜻. 그것을
찾아야 하는 것인 줄을 모르는 사람들이 마치 사람들과 경쟁에서 이기는

것이 삶의 목적이라고 생각한다. 그리고 경쟁에서 이겼으니 성공했다고 자위하고, 칭송을 받기도 한다.

나는 내 삶을 창조해야 한다. 내가 느낀 소명의식으로. 내 삶의 좌절과 실패를 통해 얻은 정보와 지식을 나비가 되어 날면서 전달하는 것이다. 그런 삶을 위해, 제대로 된 나의 삶을 경영하기 위해 나는 지속적으로 능력을 키워야 했다. 내가 나의 통치권자가 되어야 했다.

문제를 바라보는 시각

살면서 만나는 위압적인 장애물들이 있다. 이것은 우리의 뇌에 잠재되어 있는 싸움 충동이나 도피 충동을 자극한다. 그것은 자신의 안전을 위협한다고 여겨지는 위험요소를 어떻게든 해결하겠다는 이른바 '낡은 뇌'의 원시적 반응이다. 이 반응대로 움직인다는 것은 지금 만난 외부적 사건을 효과적으로 해결하기 이전에 습관적인 반응이 앞섰거나, 제대로 된 대응 프로그램이 마련되어 있지 않다는 것을 뜻한다. 이 원시적 반응은 인류가 아직 두려움에 떨던, 어렵던 원시적 삶의 조건에서 만들어진 것이기 때문이다.

싸움은 정말 도움이 안 되는 해결책이다. 문제와 싸운다는 것은 자기 자신을 괴롭히거나, 잘못한 사람을 공격하거나, 신에게 주먹질하는 것을 의미한다. 이 모든 행위는 체념과 마찬가지로 문제 해결에 아무런 도움이 안 된다. 나는 애벌레로서 죽어 가며 이런 행동을 했었다. 신에게 주먹질을 해댔으며, 나 자신을 나무랐고, 괴롭혔다. 이것은 문제의 상황에서 허우적대는 정지된 모습일 뿐이다.

　도피는 감정적 고통에서 벗어나기 위하여 어둠의 세계로 들어가는 것을 말한다. 닫힌 세계의 어두움에서 사람들은 술과 마약, 섹스, 도박이나 사이비종교에 탐닉하게 된다. 그러나 이런 반응은 인간에게서 자유로운 사고와 행동을 빼앗아 가며, 탈출하기 힘든 새로운 고통의 늪으로 스스로를 밀어 넣는 것이다.

　나는 이제 성숙을 지향하며 완전 변태를 꾀하고 있다. 이것은 유아적인 생각을 넘어 진정한 어른으로 성장하고 있다는 말이다. 그런 나는 운명의 지배를 허락하지 않고 스스로 나 자신의 반응을 제어함으로써, 내가 원하는 종류의 삶을 만들어 나가야 한다. 현실을 있는 그대로 받아들이고, 현실에 대한 모든 기대와 예상은 절대자에게 의탁해야 한다. 그리고 내게 주어진 상황에서 나 자신을 강화시킬 수 있는 모든 방법을 실천하는 것이다.

　이렇게 나의 의식이 수동적인 희생자에서 창조적인 존재로 바뀌어 가면서 내 삶은 조금씩 내적 평화를 느끼고 있음이 확실하다. 그 말은 진정 내가 제대로 하고 있다는 뜻이 된다. 이런 느낌이 주는 평안함과 성취감은 세상 어떤 것보다도 나를 즐겁고 행복하게 한다. 내가 경험하지 못한 큰 기쁨이다.

나에 대한 인식을 새롭게

　나 자신에 대한 부정적인 생각, 그것은 버리고 버려도 조금의 틈이라도 보이면 삐져나와 나를 괴롭혔다. 무의식중에 틈을 주었는지도 모르지만 내가 의도적으로 틈을 준 적은 없다. 하지만 그런 상태인지 내가 알아차리지도 못한 상황에서 부정적인 힘은 수시로 삐져나왔다. 내게 깊이깊이 내재된 부정적인 생각은 문제를 해결하는 데 필요한 내 능력을 의심하게 만든다. 그러면 나는 두려움과 불안에 또 빠진다.

　하지만 나의 이 힘든 도전을 방해하는 생각은 진짜가 아니다. 이유는 모르지만 내 두뇌 시스템에 부정적인 생각을 쌓아 둔 테이블이 있고, 부정적인 생각을 만들어 내는 프로그램이 존재하는 것 같다. 20년간 나를 위축시킨 가족들, 세상을 사는 사람들의 잘난 모습 그런 모든 것을, 나를 왜소하게 하는 자극으로 내가 받아들였나 보다. 그러면서 '내가 뭘' 이런 생각을 정말 뿌리 깊게 내 것으로 만들었기 때문일 것이다. 내 삶의 배고픔과 추위 앞에서 무기력함이 느껴지면, 그런 거짓된 생각들이 내 의식의 표면으로 떠올랐다.

　내 속에 자리 잡고 있는 부정의 힘을 깨뜨리기 위한 내 노력, 그것을 웃긴다고 비웃으며 힘을 과시하는 부정의 힘. 여기에 맞서는 것이 아니라 내게 그런 부정의 힘도 있지만 긍정의 힘이 있음을 늘 인식해야 했다. 그리고 부정적인 힘에 무심해지기로 했다. '응, 또 부정의 힘이 자기 존재를 알리는구나' 하면서 버리고 깨는 일에 힘을 낭비하지 않기로 했다.

　나는 완전한 존재가 아니다. 좀 더 나아지기 위하여 성장하려고 할 뿐이다. 애벌레로서 죽고 번데기인 나, 내가 나비로 부활해 따스한 봄날 세상을 날더라도 나는 부족한 존재일 뿐이다. 온전해지려고 할 것이 아니라 불완전하지만 내게 주어진 삶의 의미를 실현하는 일에만 집중하는 것이다.

상황이 내가 아니다. 나는 독립된 존재이다. 그 상황이 나를 규정할 수 없고, 그 상황과 동일시해서는 안 된다. 나는 많은 것을 잃었고, 새로운 꿈을 찾고, 내 삶의 미션을 알아냈다. 나는 내 인생에 주어진 풍요로움을 즐기고 내 꿈에 도달할 능력과 가능성을 가진 존재임을 확실히 하는 일에 집중했다.

내가 대면한 문제 자체에 나 자신을 매몰시키는 습관에서 벗어남으로써 나는 문제를 객관적으로 볼 수 있게 되었다. 그리고 문제를 해결할 수 있는 긍정적인 생각을 창출할 수 있었다. 나는 늘 깨어 있으면서 습관적으로 문제에 매몰되어 있는지 나를 감시해야 했다. 그래도 수시로 나는 쓸데없는 고민에 잠기기도 한다. 내 감시를 무색하게 하면서 말이다.

'나는 다시 살아나지 못 할 거야. 나는 강하지 않아.' 이런 부정적인 생각이 스믈스믈 기어 들어올 때마다 나는 즉시 나의 힘을 굳게 믿는 긍정적인 생각으로 최면을 걸었다. 그 최면 상태를 유지하기 위해 긍정적인 글귀들을 외었다. 그 글귀들은 마치 살아 있는 생명체처럼 내 마음을 안

정시켰다. 긍정적인 생각이 가져오는 힘이 부정적인 생각들을 몰아냈다.

하지만 그런 생각들이 영원히 사라지는 것은 아니었다. 미세한 자극에도 부정적인 생각들은 항상 다시 고개를 쳐들었다. 그럴 때마다 긍정적인 말들과 나의 꿈을 되뇌었다. 그리고 내가 누구인지 마음 판에 새겼다. '나는 대단한 존재'로 '건강하고 부유하고 행복한 존재'임을 말이다. 그렇게 내 마음에 각인이 되어 가면서 부정적인 생각들이 고개를 쳐들어도 편안하게 내가 나의 마음을 관리할 수 있었다.

이렇게 긍정적인 생각으로의 전환은 물론 엄청 어려운 일이었다. 부정적인 생각을 지우고 긍정적인 생각으로 관심을 돌리는 습관을 갖기 위해서는 꾸준한 연습과 노력이 필요하다. 또한 마음속 깊은 곳에 오랜 세월 뿌리를 내린 부정적인 메시지는 쉽게 제거되지 않는다. 내 마음속의 부정적인 에너지가 어디서부터 시작되었는지를 확인한 후에 그것을 사라지게 하기까지는 힘겨운 노력을 기울여야 했다.

나는 눈만 뜨면 나의 꿈을 확인했고, 내가 얼마나 대단한 존재인지 내게 얘기했다.

더 이상 잃을 것이 없다고 느낄 때 사람은 두려움에서 벗어나 깊은 내면에서 말해 주는 생각들을 행동으로 옮길 수 있는 축복의 기회를 만난다. 그렇다고 나처럼 밑바닥 인생으로 떨어질 때까지 기다릴 필요는 없

다. 그리고 두려움을 벗어나는 경험을 했다고 해서 두려움이 아주 떠난 것은 아니다. 늘 내 속에 남아 있으면서 호시탐탐 기회를 노린다. 그러고는 또 두려움에 떨게 한다. 자만하지 않아야 됨을 여기에서 배운다.

이미 겪었던 경험과 유사한 힘든 문제를 만난다. 전에 겪어 봤다고 두려움이 없어지는 것이 아니다. 문제가 쉽게 보이는 것도 아니다. 얼마나 그 문제를 해결하느라 힘들었는지 내 몸은 여전히 기억하고 있다. 지나간 고통이 느껴지면, 전보다 더욱 힘들 때도 있다. 하지만 일상적인 자아보다 더 큰 힘에 자신을 의탁하는 순간 우리는 고난을 견디고 의미 있는 것을 창조할 수 있는 힘을 얻게 된다. 이렇게 나 자신의 능력이 무한하다는 생각을 버리고 절대자의 무한한 힘에 결과를 온전히 맡기는 의탁을 한다. 나는 그저 과정에 최선을 다할 뿐이다.

사람들은 극도의 불안에 떨면서도 자신을 일반적으로 믿는 것 같다. 그래서 내려놓지를 못하고 자신이 어떻게든 해결하려고 한다. 교회와 절에 가서 새벽부터 기도를 하며 신에게 맡긴다고 입으로는 기도를 한다. 잠시 기도로써 불안감을 마비만 시킬 뿐이다. 그리고 자신이 열심히 무엇인가를 한다고 느끼려는 행동일 뿐이다. 이는 기도의 대상인 신도 기도하는 자신도 신뢰하지 못하기 때문일 것이다. 그것은 자신이 그런 복을 받을 만한 존재가 되지 못한다고 자신을 불우한 존재로, 형편없는 존재로 여기기 때문이다.

앞에서도 말했지만 의탁을 한다고 해서 자기 자신의 힘을 포기하는 것은 아니다. 그것은 자신의 생각과 행동을 상황에 맞게 조절하고 궁극적으로 원하는 결과에 도달하도록, 자신의 참본성에 대한 믿음을 되찾는 것이다. 길에서 배터리가 완전히 소모된 핸드폰을 가지고는 그 누구와도 연결할 수가 없다. 어딘가 전원에 연결할 수 있을 때까지 기다려야 한다. 핸드폰을 가지고 별 짓을 다해 봐야 소용이 없다. 전원에 연결해 충전을 하면서 다시 켜야 비로소 전화기로서의 기능으로 돌아온다. 내가 배터리가 나간 핸드폰처럼 움직일 수 없는 상황에 있었다. 그렇게 해결할 방도를 전혀 모를 때 도움이 필요하다는 것을 인식할 수밖에 없었다. 그때 하는 것이 의탁임을 나는 배웠다. 그렇게 의탁을 하자 문제들은 좀 편안하게 풀려 갔다. 내가 나서서 조급한 마음으로 설쳤으면 아마 문제는 실타래처럼 더욱 꼬였을 것이다.

이 우주의 절대자에게 맡기고 우리 인간은 두려움 · 회의 · 불안 · 분노 · 원한 등을 제거하는 일에 힘을 써야 한다. 그렇게 마음을 청소하면 우리의 마음에는 무한한 힘을 가진 긍정적 에너지가 들어올 수 있는 공간이 마련된다고 나는 믿는다. 수시로 두려움과 불안으로 어지러워지기도 하지만 나는 그렇게 점점 마음을 편안하게 가질 수 있었다.

감사하는 마음

잃어버린 것에 연연하는 대신 남아 있는 것에 감사하는 마음은 내 삶을 긍정적인 방향으로 변화시켰다. 물론 상실로 인한 고통들이 뒤로 물러나는 데는 오랜 시간이 걸렸다. 그리고 완전히 사라지지도 않지만, 나는 그래도 '행복할 수 있다'고 마음을 다잡았다. 그렇게 나는 행복에 대한 생각을 지속하면서 상황이 행복을 가져오는 것이 아님을 깨우쳤다.

행복은 내가 선택해야 할 정신의 자세였다. 무조건적인 행복이란 무조건적인 사랑처럼 특정한 상황이나 요구 조건에 달려 있지 않다. 지금 이 순간 충만한 행복감을 느끼기 위해서는 모든 일이 내가 원하는 대로 되어야 한다는 어리석은 생각을 버려야 했다. 상황이 좋아지는 먼 미래로 행복을 연기하는 것은 지금을 의미 없게 만든다. 어떤 상황에서도 나는 행복할 수 있다는 이유만으로 지금 행복하겠다는 결정을 했다. 그러자 주변의 모든 것이 행복감을 준다. 그렇게 나는 무상심법을 익혀 갔다.

내게 부족한 것에 집착하기보다는 삶이 내게 준 기회에 감사하며, 내 깊은 곳에서 보물찾기를 시작했다. 우리에게 새로운 성취의 기회를 불러오는 것은 불행을 극복하고 그것을 긍정적 에너지로 변환하려는 우리의 노력이다. 내가 원하는 기적, 완전변태를 하기 위해서 나는 치유와 나의 성장에 필요한 힘을 나의 내면에서 찾았다. 나의 내면 깊은 곳에서 의탁이라는 경험을 통해 절대적인 힘이며, 나의 후원자인 그 무엇을 만났다. 그런 경험의 횟수가 늘어나며 점점 그 관계는 두터워졌다.

이 세상의 누구도 중요한 결정을 내릴 때 완전한 확신을 하지 못한다. 아무리 시험을 해 보고 또 해도 완벽한 안전은 존재하지 않기 때문이다. 이는 인간은 오감을 통해서만 이 세상을 인지하기 때문이다. 우리는 아직 우리에게 보이지 않는 정신적 · 영적 · 형이상학적 세계에 존재하는 무한한 요소들을 제대로 알 수가 없다. 또한 그것들이 삶에 어떤 영향을 끼

치는지 우리는 알 수가 없다. 우리는 분석도 하고 연구도 한다. 전문가들에게 의견도 구한다. 하지만 그러한 자문이나 연구로는 이성적 사고의 경계를 벗어날 수가 없다. 물리적 한계 또한 넘을 수가 없다.

지식이 아니라 지혜를 얻을 수 있는 길은 통찰과 직관에 있다고 본다. 그것은 내면의 감각일 것이다. 오감의 감각처럼 보이거나 만져지지는 않지만 내 깊은 곳에 있는 감각 말이다. 그러기 위해서는 내 자아상이, 내 깊은 곳에 있는 그 무엇과 일치해야 한다고 느꼈다. 의심은 창조성의 적이다. 불안감을 키우고, 자신감을 깎아 먹는다. 자신이 없으니 자료를 찾고, 남들의 관점을 살핀다. 나는 이런 행동을 멈추고, 내 깊은 곳의 소리를 들으며, 내가 할 수 없는 것들은 맡기며 내 통찰과 직관이 맞다는 확신을 키워 갔다.

절대적 확신을 가지고 돌진하는 것은 의심이나 불안감 없이 나의 창조성을 가동시켰다. 꿈을 추구하는 것은 옳고 그름의 문제가 아니다. 그것은 성장과 변화의 문제이다. 또한 자아의 안팎에 존재하는 더 높은 힘과 결합함으로써 자신의 가치를 높이는 것이다. 이렇게 나는 내가 가졌던 육체에 제한된 편협한 사고방식에서 벗어나게 되었다.

Start

Arrival

PART 3

나비로 부활

나비의 생각
변화를 하는 방법
독창적인 길
문제를 분석하는 나의 방법
용감하다
만족한 삶을 위하여
진정한 삶의 출발은
만권당(萬卷堂)의 교훈
이 세상은 살만한 충분한 가치가 있는 곳

나비는 3차원의 세상을 산다. 한계적 상황에서 항상 몸을 뭔가에 의지하고 살았던 애벌레·번데기와는 완전히 다른 존재다. 그는 자유의지로 공간을 이동한다. 나비의 애벌레는 식욕이 왕성해서 농작물과 삼림에 피해를 주기도 한다. 그러나 나비는 아름다운 모습을 보여 줄 뿐만 아니라 꽃가루를 매개함으로써 유익한 구실을 한다. 이것이 진정한 환골탈태라 여겨진다.

환골탈태란 신체구조를 인위적으로 바꾸는 것을 말한다. 영약이나 엄청난 양의 진기가 몸속에 들어와 일어나는 현상이다. 뼈와 몸의 형태, 피부가 바뀌어 최상의 신체조건을 갖추게 되는 것이다. 번데기에서 나비로 환골탈태하는 것은 생명의 한계성을 극복하는 것이다. 자기 존재 이상의 그 무엇이 되는 것이다.

번데기라는 죽음의 과정을 통해서 자기 초월의식을 성취한 나비! 자신의 생활영역을 다른 차원으로 전환시킨 것이다. 자신의 생존만이 목적이었고 남의 것을 바라기만 하던 삶에서 다른 존재에게 이익을 주는 상생 존재로의 진화이다.

인간인 나도 긴 죽음의 터널을 지나며 환골탈태를 하려고 한다. 남에게 바라고 기대고 싶었던 존재에서 주고 또 줄 수 있는 제왕이라는 존재로의 변환이다. 2차원 공간에서 3차원 공간으로, 존재 영역의 확장이다. 그리고 자유의지로 이동이 가능한 새로운 존재로의 전환이다.

나는 이제 수년간 나를 죽이며 살았던 번데기의 껍질을 벗고 21세기를 살려고 한다. 아름다운 날개를 나부끼며, 상생의 기쁨으로 살 수 있다는 희망으로 기쁨의 삶을 시작하고자 한다. 이제 3차원의 공간을 나부끼듯 유유히 날아다니려 한다. 꽃밭을 날며, 꽃의 꿀을 먹는다. 꽃가루는 저절로 나비의 발에 묻는다. 내가 먹이를 구하는 행위가 주변에 이익이 되는 그런 일이 된다. 이것이 뜻하는 것은 제대로 이기적인 삶을 산다면 그 결과가 이타(利他)가 된다는 뜻이다.

나는 세상을 날면서 사람들에게 삶이란 최악의 상황에 이른 후에는 반드시 좋아진다는 것을 알리고 싶다. OECD 국가 중 자살률이 1위인 우리나라. 나는 그렇게 아픈 우리들에게 포기하지 말라고 말하고 싶다. 우리에게 주어진 모든 상황을 거부하지 말고, 그저 겪어 내려 한다면 올바른 길을 찾게 된다는 사실을 알리고 싶다.

그리고 이 세상은 정말 살 만한 가치가 있는 곳임을 알리고 싶다. 우리가 미처 몰랐던 숨겨진 재능은 자신이 인정해 줌으로써 나타나고, 그것으로 우리는 어떤 것이라도 이 세상에서 이룰 수 있음을 알리고 싶다. 도전하는 기쁨, 학습의 기쁨을 알리고 싶다. 나비로서 이 꽃에서 저 꽃으로 옮겨 다니며 꽃가루를 옮기듯 내가 겪은 경험과 배움을 전하고 싶다.

시간이 흘러 내가 삶을 끝내며, 나는 내가 걸어온 길을 돌아보며 이렇게 말할 수 있을 것이다. "나는 멋지게 살았어!"

　　나는 번데기 시절에는 '두려움을 극복하는 것이 삶이구나'라고 생각했다. 그래서 꼭 두려움을 극복해야겠다는 생각을 했다. 하지만 이제는 아니다. 두려움과 공포는 늘 우리 곁에 있는 것임을 인정한다. 단지 내가 만나는 상황에서 일어나는 두려움과 공포의 감정을 인정하고 그런 나를 바라보아야 함을 알게 되었다. 그런 감정을 인정함으로써 나의 마음을 요동하지 않게 관리하고, 그런 감정을 발생시키는 원인을 찾아내게 되었다.

　　애벌레로서의 삶을 끝내면서 나는 다시 살아서 '꼭' 해결해야 한다고 생각한 일이 많았다. 하지만 지금은 그런 생각도 사라져 간다. 해결된다는 것은 결과이다. 나는 이제 그 결과에 저절로 연연하지 않게 되었다. 결과는 절대자에게 맡겨졌다. '내가 맡겨야지'라는 의식도 없이 그렇게 되었다. 그러나 나는 내가 꾼 꿈들, 내가 세밀하게 디자인한 것들이 될 것 또한 믿으면서 내가 지금 하는 작업을 즐기면서 할 뿐이다. 원하던 목표의 결과는 앞날에서 이루어져 나를 기다리고 있을 것이다.

　　우리가 찰흙을 빚어서 토끼를 만들려면, 토끼의 형상과 특징을 정확히 알아야 한다. 그래야 제대로 내 손에서 토끼가 만들어질 것이다. 나는 이런 사실을 이해하고, 아주 세밀한 부분까지 나를 창조하는 작업에 열중했다. 그리고 이제 그 작업은 하나의 패턴이 되어 내 의식과 관계없이 저절로 되고 있다.

　　이렇게 새로운 습관과 패턴을 만들기까지가 힘든 일이다. 하지만 일단 형성되면 예전과 마찬가지로 저절로 내가 잡은 방향으로 움직인다. 이것은 전에 작동하던 프로그램이 내 두뇌에서 떨어져 나가고, 두뇌 시스템이 새로운 프로그램을 가동하기 때문이다. 새로운 프로그램들은 뚜렷한 목표를 가지고 의도적으로 개발되었고, 테스트를 거쳐 설치된 것이다. 우리 두뇌는 한 가지 자극을 입력받으면, 프로그램을 작동하라는 명령을 내린다. 그러면 지나간 습관적 반응처럼, 새롭게 개발되어 의도적으로 연결된 프로그램이 작동되는 것이다. 습관화되기까지는 꾸준히 하는 의도적인 노력이 필요하다.

변화를 하는 방법

나는 변화를 시작하면서 생각한 것이 '지금까지와는 반대로 하자'였다. 내가 할 수 있는 제일 쉬운 일로 생각한 것이 내 머리의 왼쪽에 있던 가르마를 오른쪽으로 옮기는 일이었다. 수십 년 왼쪽에서 오른쪽으로 넘어가던 머리를 정반대로 빗으려니 잘 안 넘어갔다. 처음엔 머리를 빗을 때 물을 묻혀 가며 의도적으로 가르마를 탔다. 생활을 하면서 가끔 머리를 만질 때 나도 모르게 오른손이 올라가 머리를 헝클어트렸다. 얼른 다시 왼손을 올려 머리 모양을 다시 잡았다.

머리 가르마 하나 바꾸는 데도 상당한 시간이 들었다. 하지만 점차 왼손이 내 머리를 만지게 되었고, 내 머리는 물을 묻히지 않고 손으로 쓱쓱 만져도 제자리를 잡아 갔다. 나는 지금도 나를 대견하게 여기며 왼손으로 내 머리를 쓰다듬어 준다. 이 경험이 내게 변화에 대한 학습을 익히게 했다.

오른손으로 만지던 머리를 왼손으로 만지면서 나는 내 왼쪽 팔과 손이 오른쪽보다 힘이 없고 능력이 떨어져 있음을 알게 되었다. 그래서 나는 왼손으로 물건을 들고 오른쪽 어깨에 메던 가방도 왼쪽 어깨를 주로 사용하는 것으로 바꾸어 나갔다. 그러면서 내 몸의 좌우가 균형이 맞지 않는 것도 알아차리게 되었다. 그러니 항상 좌우의 균형에 관심을 갖고 앉거나 걸으면서 나를 관찰했다.

이렇게 내 가르마에서 시작한 작은 변화는 내가 그동안 돌보지 않던 몸을 조금씩 돌보게 했으며 몸에게 미안한 마음을 금할 길이 없게 했다. 그랬음에도 아직 유지되고 있는 내 몸의 자율 시스템과 각 기관들에도 깊이 감사하고 있다. 그리고 의도적으로 변화를 시도하고 습관이 되는 과정까지 지켜볼 수 있는 나의 대단함과 그렇게 이끌어 준 내면의 생명력에 감사한다.

변화는 이렇게 작은 일에서 시작하는 것이다. '시작이 반'이라는 말은 진리이다. 시작했다는 것은 우리가 가고자 하는 길을 찾아내고 그 길을 걷기 시작했다는 것을 의미하기 때문이다. 변화를 한 가지 이루면 그 과정에서 의식이 확장되고 자연스럽게 이미 시작된 길로 전진하게 되는 것이다.

갑작스럽게 변화의 큰 목표를 세우는 것은 스스로 자신을 시험하는 위험한 일이고, 무모한 일이다. 목표가 제대로 이루어지지 않으면 좌절해, 변화에 도전할 용기가 줄어들기 때문이다. 우리 인간은 무엇이든 이룰 수 있는 대단한 존재이지만, 과신할 존재는 아니라고 나는 느낀다. 작은 변화를 이루어 내며 그렇게 이루어 낸 자신을 신뢰해 가며 자긍심과 존재감을 키우는 것이고, 변화를 지속할 용기를 키우는 것이다. 이런 과정에서 우리의 의식은 성장하는 것이라고 확신한다.

독창적인 길

 몇 년 전 어느 일요일, 2010년에 서거하신 법정스님의[18] 인터뷰 기사가 신문에 났다. 이날은 불교 동안거[19] 해제의 날이었고, 스님은 법랍 50년을 맞았다고 한다.

 "고립과 고독을 생각합니다. 우리는 고독해야 합니다. 그래야 마음이 투명하게 맑아지고 해서 자비심이 생깁니다. 고립은 단절이니까 나쁜 겁니다. 고독의 상태냐 고립의 상태냐를 늘 생각하며 사세요." …….

 "수행 초기 괴팍하셨다는데 그만큼 공부에 전념하려는 의지였겠습니다."라는 질문에 그는 "칼날 같아서 내 근처에 오면 다 베일 것 같았어요. 출가자의 긴장감이었지요. 그런 과정을 거치며 성숙해집니다. 나이 먹어서도 괴팍하면 안 되지요. 노스님 중엔 냉랭한 모습을 보이는 분도 계신데 안 좋아요. 그러나 기상은 늠름해야 합니다. 그게 수행자의 본분입니다. 그래야 부처의 길조차 따라 하지 않는 독창적인 길을 걷게 되지요. 사람은 누구의 모사품이 돼선 안 됩니다. 두 사람의 석가모니는 필요 없어요. 새로운 존재여야 합니다. ……곧 어느 누구도 닮지 않은 주체적인 인간이 됩니다."

 내가 창조된 의미에 따라 살기 위해선 나는 독창적일 수밖에 없다는 생각을 하며 조심조심 나를 만들어 갔다. 이 부분을 인정해 주는 말을 만나서 나는 기쁘고 감사했다. 나는 이렇게 도처에서 나에 대한 인정을 받아 냈다. 나 스스로가 아직도 충분히 나를 인정하지 못하기 때문이다. 이런 인정은 신이 내게 '그래 너 잘하고 있어'라고 해 주는 칭찬의 말로 들었다. 그런 말들은 내게 격려가 필요할 때, 자연스레 나를 찾아왔다.

그리고 나는 칼날 같은 부분을 가지고 있다. 내가 부정적인 자극을 받았다고 느낄 때 나도 모르게 내게서 칼날이 보인다. 나는 이 때문에 가끔 마음이 편안하지 못했다. 그러나 아직 미완성의 나를 만드느라 노심초사하는 중이어서 그렇다고 자위하고 있었다. 나는 내가 모르는 길을 가는 중이다. 나만의 시각으로, 내가 획득한 비급을 날카로움과 섬세함으로 이해하면서 나아가는 지금의 과정. 나의 긴장된 모습을 어떻게 할 수가 없었다. 긴장을 풀면 과거의 습관이 나를 다시 누르고 내가 찾고자 하는 답을 알아차릴 수가 없었기 때문이다. 그리고 주변에서 상식과 어긋난다며 지적하는 말들에서 나를 지켜 내야 했기 때문이다.

나는 나만의 방식으로 나의 길을 가고 있다. 그리고 부족한 모습을 늘 의식하고 있는 내게, 이미 세상에서 인정을 획득한 사람이 내 생각과 같은 말을 할 때 나도 인정받았다고 느끼며 그저 기뻤다. 잘 보지도 않던 신문에서 이렇게 법정스님의 인터뷰 기사를 만나게 된 것도 나는 나를 인정해 주려는 이 세상의 도움임을 믿는다. 나는 그렇게 내게 에너지를 지속적으로 공급했다.

그래서 나의 '칼날' 같음을 내 길을 가면서 필요했던 하나의 과정으로 재인식했다. 법정스님의 말씀으로 나는 편안하게 되었다. 내가 정말 길을 잘 가고 있다는 생각에 진짜 진짜 기뻤다.

나는 이렇게 자신에게 필요한 정보와 힘을 주변에서 찾아내야 한다고 확신한다. 에너지가 필요하다거나, 인정받고 싶거나, 자신의 생각에 확신이 없을 때, 그것을 구한다면 자연스레 우리는 만나게 된다. 누구에게 인정과 힘을 구걸하는 게 아니다. 의존해서 얻어지는 것도 아니다. 우리가 구함으로써 그 답은 열려 있는 우리의 마음으로 들어온다. 하지만 주의해야 할 점이 있다. 우리의 마음이 바르고, 이 세상의 흐름과 그 맥을 같이해야 한다는 사실을 명심해야 한다.

사업에 실패하고, 대박을 바라며 시간을 보내는 많은 사람을 봤다. 그들은 믿음을 가지고 수백억 원을 얘기하며, 그날이 곧 온다고 서로 모여 확신을 나눈다. 하지만 그들은 이미 마음 깊은 곳에서 스스로를 포기했고, 자신을 체념한 사람들이었다. 종교생활을 하는 사람들은 각기 새벽 기도도 가고 108배도 하며 기도를 한다. 그러고는 될 것이라고 믿는다고 한다. 하지만 내가 보기에는 그들은 시간을 보내기 위한 방법, 삶을 유지하기 위해 스스로 위로 수단이 필요할 뿐이다. 그들도 뭔가 열심히 일을 한다고 생각한다. 아주 미묘한 차이라고도 볼 수 있는 이 차이를 이해해야 한다.

신에게 잘 보일 수 있는 방법이라고 생각한 행동을 하며 많은 사람들이 믿음을 얘기한다. 내가 할 수 있다거나 될 것이라는 믿음을 넘어, 무엇을 해야 할지, 어떻게 해야 할지 이해를 해야 한다.

문제를 분석하는 나의 방법

몇 년 전 TV에서 재난을 만난 닭이 까치집에 알을 낳는 게 방영되었다. 밤에 산짐승이 내려와 한 농가에서 키우던 닭을 다 잡아 먹었는데 그중 3마리가 살아남았다. 그 세 마리는 주인이 만들어 준 닭장에 그 이후 들어가지 않는다. 어두워지면 그들은 나뭇가지에 날아올라 서로의 몸을 바짝 붙이고 잠을 잔다.

그중 한 마리가 그 나무 높은 꼭대기에 있는 빈 까치집에 알을 낳았다. 경공술을 시연하듯이 가지를 차면서 날아오르고, 내려올 때도 똑같이 가지를 치면서 날아 내린다. 종족보존을 위한 위대한 닭의 본성이 발현된 것이다.

아직 학계에 닭이 그렇게 날아오를 수 있다는 게 보고된 적이 없다고 한다. 내게 이 이야기는 상당히 의미가 있었다. 닭은 잊었지만 깊은 기억 속 어디엔가 날 수 있는 새라는 의식은 여전히 있다는 사실을 증명하기 때문이다.

위기 상황에서 세 마리 중 지도자 닭이 자신의 잠재된 의식에서, 자신이 날 수 있는 '새'라는 정체성을 찾아냈을 것이다. 피할 곳이 없는 지표면을 벗어나기 위해 고개를 들어 하늘을 보았고, 나뭇가지를 보았을 것이다. 피할 곳을 찾아낸 그들은 자신의 날개를 이용하였고, 나뭇가지는 그들의 잠자리가 되었다.

또한 알을 낳아야 하는 암탉에게 더욱 안전한 장소가 필요했다. 나무 꼭대기에 있는 빈 까치집, 힘이 달리는 닭은 중간 중간에 있는 나뭇가지들을 활용하여 자신의 목표를 이루었다.

그 닭들은 자신의 생활공간인 지표면이 안전지대가 아님을 알았고, 자신을 돌보는 주인이 자기네를 지켜 주지 못한다는 것도 알았다. 그래서 시선을 변화시켜 하늘을 보았고 자신을 구해 줄 높은 새로운 공간을 찾아냈다. 그러고는 그에 용기를 갖고 도전한 것이다. 그들의 두려움이 자신들도 몰랐던 용기를 끌어내게 했다고 본다. 이렇게 그들의 위난은 의식 전환의 계기가 되었다.

내가 이랬었다. 그래서 그 닭의 이야기는 내게 특별한 이야기가 되었다. 세상에서 일반적으로 안전지대라는 곳을 떠나 새로운 공간을 내가 정복할 곳으로 선택하고 날기 위해 노력했다.

하지만 나는 그들과는 또 다르다. 그들은 두려움을 이기지 못해 새롭게 선택한 잠자리인 나뭇가지에서만 잠을 잤다. 그들은 위난을 극복해 살아남았지만 여전히 그 위난의 공포에 잠겨 있는 것이다. 나는 그런 닭이 아니라 위대한 인간이다. 위기에 날 수 있다는 것을 알아차렸다면 언제 닥칠지 모르는 위험에서도 또 날면 된다. 그러니 편안하게 잘 수 있어야 한다. 그리고 자신이 새롭게 찾아낸 능력을 제대로 사용할 수 있게 비행기술을 연마해야 했다.

그리고 이 이야기가 또 알려 주는 것은 내가 느낀 대로 우리 내면에는 그런 모든 것이 이미 잠재해 있다는 사실이다. 내면에 아직 가동되지 못한 많은 프로그램들이 있다. 무언가에 의해 습관적으로 작동되고 있었던 부정적인 프로그램들. 불안이 자극되면 저절로 나의 두뇌 시스템에서 돌아가게 되는 것을 중지시켜야 했다. 그리고 지극히 긍정적이고 생산적인 프로그램, 즐거움과 기쁨이 가득 찬 자료들을 데이터베이스에서 찾아내 움직이게 하는 것이다. 자꾸 의도적으로 사용하면 새로운 프로그램도 저항 없이 저절로 돌아갈 수 있게 두뇌 시스템에 확실하게 연결된다. 그러면 어둠에서 개발되었던 인간의 두뇌에 설치된 프로그램은 시스템에서 분리돼 망각의 강바닥에 가라앉는 것이다.

나는 이렇게 내가 만나는 글과 말 들에서 나의 생각이 옳다는 인정을 찾아내고, 내 힘을 길러 내었다. 이것이 꼭 답이라고 말하는 것이 아니다. 각자의 논리 구조로 이렇게 자신에게 도움이 되고 협조자가 될 수 있는 것들은, 스스로 구하고자 할 때 얻어지는 것임을 나는 경험으로 확신한다.

　‘용감하다’는 것은 자신이 만난 기회에서 스스로 선택하고, 목표를 향해 나아가고, 그 결과를 보면서 또 새로움으로 전진하는 것을 말한다고 나는 느낀다. 그러니 다양한 선택의 기회를 만나지 못하는 사람은 용감할 기회가 없어지는 것이다. 그리고 ‘용감’이 한순간에 생기는 것이 아니라 꾸준한 선택과 경험에 의해 성장하는 것임을 나는 확신한다.

　우리는 나이를 먹으며 점점 어른이 되는 것이라고 안다. 하지만 일반적으로 사람들은 성장하는 것이 아니라 나이를 먹으면서 도리어 퇴화되어 간다. 이것은 꿈을 잃어 가기 때문이고, 도전할 용기를 잃어 가기 때문이다. 스스로 해결할 용기가 없어지니, 점점 의존적인 어린애가 되어 가는 것이다. 문제를 제대로 바라보지도 못하고, 문제를 어떻게 해결할지 모르고 그저 울부짖으며 퇴보하는 어른이 되어 간다. 그러면서 젊은이들에게 세상이 힘든 곳이라고, 안전하지 않은 곳이라고 가르치기도 한다.

　우리는 세상의 구조와 흐름을 이해하고, 그것을 삶에 적용해서 행동하지 않으면 결코 용감해질 수가 없다. 나는 살면서 많은 문제 상황을 만났고, 문제를 바라보면서 실수와 좌절을 연달아 했다. 이해를 해도 적용의 미묘한 차이를 몰라 실패를 지속했다. 그러면서 문제의 해결책을 바라보고, 그 방안을 찾는 내가 되어 갔다. 그런 나로 변화될 수 있도록 전개된 나의 삶에 나는 깊이 감사한다. 용기라곤 없던 소심한 나였다. 이제 나는 어느 정도 용기라는 것을 갖게 되었다.

　내 안에 깊이 있는 그 무엇이, 내게 문제는 논리적으로 바라보고, 문제의 핵심을 찾아내는 것임을 알려 주었다. 그것 또한 훈련해야 함도 알려 주었다. 그래서 겁 많은 존재에서 벗어나 '먹고사는' 문제를 내려놓는 용기를 갖게 되었다. 그럴 수밖에 없는 상황을 통해 지속적인 학습이 이루어져 이제는 제법 용감하게 보일 때도 있다. 그 용기로 지금 이렇게 글도 쓰고 있으니 말이다.

이렇게 삶은 우리에게 늘 도전을 요구한다. 우리 인간은 의존적인 그런 존재가 아니라, 자기 주도적으로 삶을 추구해야 하는 존재이기 때문이다. 용감한 존재여야 한다. 그 용감성은 자신과 이 세상을 신뢰하는 믿음으로 가득 찬 존재로 만들어 준다. 엎어지고 넘어지고 하면서 가다 보면, 그래도 스스로 용감함을 느낄 수 있고, 많은 것이 보이는 것을 느끼게 된다. 그러다 많은 길을 걸어와 편안함이 드는 날도 있다.

'용감함'도 성장하는 것이다. 그리고 '용감함'을 키우는 방법은 도전하는 것이다. 아무도 가지 않은 우리 각자의 길을 가는 도전을 통해서 자신만의 독특한 정신자원을 만들고, 세상을 이해하게 되는 것이다.

만족한 삶을 위하여

사람은 누구나 발전하고 싶어 한다. 어제보다는 좀 더 나은 오늘이기를 바란다. 오늘과 다른 내일을 원한다면 어제와 다른 오늘을 살아야 한다. 그러나 변화하는 사람은 흔하지 않다. 변화하기로 결정을 한, 그 순간만 다른 행동과 생각을 하고 뒤돌아서서는 바로 전의 모습으로 되돌아

간다. 변화를 쉽고 가볍게 생각하기 때문이다. 얄궂은 우리 두뇌 시스템은 마음 편하게 살라고, 그 변화를 시도했던 사실조차 기억하지 않게 도와준다.

그것은 개선의 욕구를 느끼고 변화를 결단한다고 해서 습관화된 것들이 사라지는 것은 아니기 때문이다. 그 변화를 하기 위해서는 의지를 가지고 규칙적이고 꾸준한 연습을 해야 한다. 새로운 사고와 행동이 정착되기까지는 많은 시간이 요구된다. 그러한 실천의 효과를 톡톡히 보고 글을 쓴 엘머 게이츠[20] 씨를 소개한다.

미국인 발명가로 그리고 천재로서 널리 인정받았던 엘머 게이츠는 매일같이 즐거운 생각과 추억들을 되새기는 일을 했다. 그는 그것이 자기의 작업에 대단한 도움이 된다는 것을 확신했다.

"누구든지 자기를 개선시키고 싶으면 미묘하고 섬세한 자비의 감정을 자주 떠올리고 세상에 유익한 일을 하는 자기 모습을 끌어내라.

대부분의 사람들은 그와 같은 것들은 이따금씩밖에는 생각하려 들지 않는다. 그렇지만 보다 나은 인간이 되기 위해서는 아령을 들고 체조를 하듯이 이와 같은 연습을 규칙적으로 해야 한다.

그리고는 이러한 영적·심리적 훈련에 점점 더 많은 시간을 바쳐야 한다. 그리고 나서 한 달쯤 지나면 자기 자신의 변화에 스스로 놀라움을 금치 못하게 될 것이다. 그 변화는 특히 자기의 행동과 사고방식에서 두드러지게 드러날 것이다."

진정한 삶의 출발은

    자신이 어떤 사람인지 아는 것, 그리고 자신이 어느 위치에 있는지를 아는 것. 거기에서 진정한 삶은 출발한다. 자신의 위치와 누구인지 안다는 것은 자신을 제대로 이해한다는 것을 뜻한다. 자신에 대한 이해는 자신에 대한 신뢰가 된다. 자신과 세상을 신뢰하며 자신의 삶에 놓인 장애물을 극복하고 전진한다. 그것이 우리의 내면에 강인한 힘을 키운다. 그러한 과정에서 느끼는 감사와 기쁨을 통하여 충만한 행복을 느끼게 된다.

    "당신이 여기 온 건 호기심이 많기 때문이오. 난 호기심이 많은 사람이 좋소. 내가 보기엔 그게 깨어 있는 사람의 첫 번째 자질이라오. 자기 시대에 진행되는 일에 관심을 갖는 것 말이오. 그리고 숨겨진 것을 알고 싶어 하는 것."

    이 글은 베르나르 베르베르의 단편소설 「영화의 거장(파라다이스)」에 있을 법한 미래 이야기로 나온다.

    호기심이 있어야 탐구라는 작업이 시작된다. 탐구에 들어가면서 발견되는 것들이 주는 기쁨과 성취감에 더욱 열정적으로 탐구생활에 들어가게 된다. 그러면서 인간에게 주어진 기쁨을 만끽하게 된다. 탐구로 알아낸 것들을 인류와 나누면서 더욱 근원적 기쁨에 다가갈 수 있다. 이것이 자신이 누구인지, 자신이 어디에 있는지 알아내는 방법이다.

    삶에서 기쁨을 찾는 것은 우리 인간의 본성이다. 우리는 호기심이 없으면 기쁨을 찾기 위해, 비교하고 경쟁하면서 순간순간의 승리라는 기쁨을 누리려고 한다. 이러한 기쁨은 결핍감과 함께하며, 목적 없는 무작정의 소유와 확장에 대한 야욕으로 우리를 중독시켜 간다.

각자의 선택이 삶을 가른다. 하지만 확실한 것은 인간의 호기심이 우리 인류를 지금 이 순간까지 이끌었다는 사실이다. 그리고 깨어 있는 사람들이 인류를 진화시켜 왔다. 우리는 잠자는 삶이 아니라 깨어 있는 삶으로 자신을 의식하면서 살아야 한다. 그런 소망이 있기에 우리 인류는 지금까지 위대한 업적을 남겼으며, 지금도 진화 발전하고 있다.

우리는 이제 오늘과 다른 내일을 소망해야 한다. 그리고 그 소망을 열망으로 바꾸어야 한다. 그 열망이 우리를 어제와는 다른 삶의 태도로 인도할 것이다. 마음에 강한 욕구가 전달되어 열망의 상태에 빠져들면 전과는 다른 강력한 추진력이 생겨나기 때문이다.

나를 강하게 하는 모든 것은 내가 지니고 있는 약점들을 인정함으로써 주어졌다. 나는 내게 일어난 재난을 변환의 기회로 받아들였다. 하지만 재난이나 불행과 관계없이 우리는 만족한 삶을 희구한다. 그런 삶을 위하여 내 경험은 기본적인 원칙을 다음과 같이 제시한다. 불행을 느낀다면 최우선적으로 변환의 기회가 왔음을 인정하면 된다. 그리고 변화라는 도전을 하면 된다.

1. 내가 누구이며 무엇을 원하는지 알아야 한다.
2. 과거의 '나'를 버리고 새로운 '나'를 창조한다.
3. 결과에 대한 두려움을 의탁한다. 나보다 큰 힘에 맡기는 것이다.
4. 회의적인 부정적 감정을 적극적이고 긍정적인 생각으로 대체한다.
5. 내가 의탁한 힘이 나의 후원자이고, 이 세상이 나의 협조자임을 믿는다.
6. 이해해야 한다.

이런 원칙에 충실하면서 변화라는 도전을 하게 되면, 우리는 통찰력을 가진 성숙한 존재로 거듭나게 된다. 의존적인 삶이라 수동적일 수밖에 없는 희생자라는 존재의식에서 창조적인 존재의식으로 전환되는 것이다. 그렇게 되면 우리 마음속에 깃들어 있던 본연의 것들과, 깊은 곳에 묻혀 있던 잠재력들이 상황에 따라 저절로 튀어나온다. 그러면 우리는 무한한 절대자의 능력을 가늠하고 자신을 숙일 수밖에 없다. 비로소 겸허라는 단어의 의미를 진심으로 이해하게 된다. 그리고는 바로 경험의 차이를 이해하게 된다.

어둠이 있기에 우리는 밝음을 안다. 하늘이 있을 수 있는 것은 우리가 발을 딛고 있는 땅이 있어서이다. 삶에서도 인생의 쓴맛을 알지 못하면, 고난 뒤에 얻는 달콤함을 느낄 수 없다.

만권당(萬卷堂)의 교훈

한 30여 년 전인지, 저자가 누구인지 제목이 무엇이었는지는 기억하지 못하지만 재미있는 무협소설을 보았다. 최고 경지에 이른 두 무사 형제의 이야기다.

당시 최고라 일컬어지는 형제 무사가 있었다. 동생이 아무리 노력을 해도 형을 이길 수가 없었다. 형은 동생을 이기자는 욕심도 없었고, 최고여야 한다는 강박적인 생각도 없었다. 그럴수록 더욱 약이 오르는 동생은 개인 자료실로 만권당을 짓고, 무림 최고의 비급들을 전부 모았다. 그는 그곳에서 오랜 시간 폐관하고, 열심히 수련만 했다. 그리고 이제는 형을 이길 수 있다는 자신감에 차서 나온다. 하지만 동생의 결투 신청에 그냥 편안하게 서 있는 형, 동생은 형에게서 한 치의 공격할 틈도 찾을 수가 없었다. 형의 무심한 자세가 바로 완벽한 자세였다. 동생은 처절한 심정으로 어떻게 해도 자신이 따라갈 수 없음을 인정한다.

형은 꼭 이겨야 한다는 생각, 최고가 되어야 한다는 집착이 없으니 몸과 마음이 편했을 것이다. 그리고 무술에 관한 책을 보아도 그는 하나하나 기억을 하지 않고 핵심을 파악했다. 새롭게 알게 된 무술은 그의 내부에서 그가 가진 기존의 무술과 하나가 되었다. 체화가 되었다는 말이다. 형이 펴내는 무술은 아무도 상대할 수 없는 절초였다. 하지만 사람들이나 그 자신도 무슨 초식인지 도통 알 수가 없는 그만의 것이었다. 반대로 동생은 무술책을 하나하나 외우고 열심히 연마했다. 익히는 무술마다 최고의 경지를 이루었으나 항상 창안자들의 무술일 뿐이었다. 자신의 것으로 체화되지 않았다. 자신이 습득한 무술을 최고 절정의 경지로 연마할 뿐이었다.

나는 오늘날 사람들의 입에 밴 '열심히'라는 말을 들을 때마다 이 이야기가 떠오른다. 앞에 한 이야기에 나오는 동생처럼 사람들은 아는 것도 많고, 정말 열심히 산다. 아이들에게도 늘 공부를 열심히 하라고 한다. '열심히'란 말은 무엇이며, 무엇을 위해 하는 것인지 과연 알고 있을까라는 생각이 든다. 나는 지나치게 열심히 노력하는 것은 이 세상과 자신을 신뢰하지 못하는 것이며, '나'라는 존재가 또 하나의 '나'를 괴롭히는, 자학이라고 생각한다.

우리 한국인은 지나치게 열심히 경쟁적으로 살아왔다. 그 결과로, 이 세계에서 가장 스트레스를 많이 받는 국민이 되었고, 인류역사상 전대미문의 발전을 이루어 냈다. 하지만 삶은 여전히 불안하고, 결핍감도 여전하다. 전에 없던 상대적 상실감과 경쟁에 의한 패배감은 더욱 깊어지는 것 같다. 그런 부정적인 느낌이 마치 학력과 학벌로 안전지대를 확보하면 사라질 것이라고 오해를 하는 것 같다. 지금 기성세대는 과도한 교육열로 불안감과 결핍감을 아이들에게 분출하고 있다. 아이들은 지나친 경쟁의식과 '열심히' 의식을 지금 기성세대에 의해 학습받고 있다. 그래서 우리 모두가 병이 들고 아픈 것 같다.

늘 바쁘다며 과잉 의욕을 가진 우리들은, 바쁘지 않으면 뭔가 불안해하기까지 한다. 몇 시간도 못 자면서 일이나 공부를 한다. 결과가 부실하다. 그러면 잠자는 시간을 더 줄이면서 '열심히' 한다. 그러면서 주위를 둘러본다. 불안하니 경쟁자가 더욱 의식되어, 남이 하는 일은 다해야 할 것같이 쫓긴다. 하지만 이렇게 누구보다 부지런하게 열심인 것은 효율적인 결과를 내지 못한다. 시간을 들이면 들일수록 자신감은 더욱 고갈되어 간다. 그러면서 과로와 불안이라는 악순환에 빠지게 된다. 그렇게 과잉 의욕으로 열심히 하지만 앞에 한 이야기의 동생 무사처럼 기대 이하의 실패자가 되어 간다.

이런 모습이 우리들일 수도 있다. 넘치는 정보 속에서 자료를 모으느라 잠잘 시간을 줄이지 말아야 한다. 선택은 정보나 자료의 양이 아니라 경험에 따른 직관과 융통성이 중요하기 때문이다. 이미 우리는 충분히 가지고 있다. 지금까지 살아온 우리 자신과 경험, 그런 삶을 신뢰해야 한다.

삶이란 우리 자신과 세상을 경영하는 것이라고 본다. 충분한 휴식을 통해서 우리가 경영해야 할 자신을 느끼고 명료해진 머리로 문제의 핵심을 알 수 있다. 쉬면서 우리의 두뇌에서 생각이 무르익기를 기다려야 한다. 무르익은 생각이 섬광처럼 우리에게 아이디어를 제공한다. 그렇게 탄생하는 아이디어, 능력을 발휘하는 창조성은 우리 삶의 새로운 원천이고 삶의 지침이 된다. 우리의 창조성을 발현시키기 위한 방법을 나의 경험으로 정리해 본다.

1. 문제를 인식한다. 단 문제만 바라보아서는 안 된다.
2. 문제 해결책에 집중한다. 해결할 수 있음을 믿으면서.
3. 두뇌 시스템은 스스로 가동되어 생각이 숙성된다.
4. 어느 순간 갑자기, 섬광처럼 아이디어가 떠오른다.
5. 아이디어를 분석하고 가치를 평가한다. 이는 현실과 일치시키기 위한 방법이다.
6. 아이디어를 채택하면, 구체적인 세부화 작업을 한다.
7. 실행함으로써 현실화된다.

우리는 현안문제를 인식하지만 해결책은 모른다. 그럴 때 우리가 충분히 쉬고 놀아도 우리의 두뇌는 그 문제의 해결책을 탐색한다. 또한 우리가 즐기는 모든 것이 해결책을 위한 자극이 되기도 한다. 그러다 어느 순간 섬광처럼 반짝이며 생각이 찾아온다. 그것도 산뜻한 기쁨과 함께 온다.

이것은 스스로 자신에게 잠재되어 있는 본질적인 진실이나 어떤 전망을 포착했다는 느낌을 주며, 기쁨을 가져온다. 그런 느낌을 자신의 것으로 가지고 즐겨야 한다. 남들이 무엇이라 한들 그것이 무슨 상관이랴. 우리의 생각들이나 사고의 결과물이 지금은 불안정해도 적용의 과정에서 학습이 될 것이다. 점점 더 완벽함으로 진행되며 신념이 되고, 신뢰감을 키우고 우리를 성장케 할 것이다. 나는 경험으로 그것이 진리임을 알게 되었다. 제대로 길을 가고 있다는 감각, 내가 옳다는 감각, 이 세상 삶의 이치에 딱 들어맞는 느낌을 느낀다. 그것을 이제 두려움 없이 인정하는 것이다.

이 세상은 살 만한 충분한 가치가 있는 곳

나는 이 세상이 얼마나 아름다운지, 그리고 살 만한 가치가 있는 곳임을 이제 확실히 알게 되었다. 그런 세상에서 우리는 믿음을 갖고 꿈을 이루며 당당하게 살아야 한다. 자신에게 주어진 삶을 즐기며 살아야 한다.

하지만 많은 사람들이 사는 것이 힘든 세상이라고 말한다. 마치 살벌한 전투현장을 현실로 여기는 것 같다. 강호 무림이 따로 있는 것이 아니라 현실을 그렇게 여기는 것 같다. 무협소설에 등장하는 무림 강호, 힘이 모든 것을 결정하고, 권력의 정점에 선 자가 그렇지 못한 자의 생사여탈권을 좌우한다. 그래도 누구도 잔인하다고 말하지 못하는 곳이다. 그 모두가 검 한 자루에 입신양명을 꿈꾸며 모인 곳이기 때문이다.

설령 내일 누군가의 검에 목숨을 잃을지라도 자신의 이름을 조금이라도 천하에 알리기 위해 몸부림치는 곳, 그런 곳에서의 삶이 순탄할 리 없다. 이러한 무림처럼 우리의 세상이 마치 이름을 떨치거나, 많은 것을 소유함으로써 안전함을 추구하는 곳이라는 그릇된 설정으로 만들어진 현상이 힘든 세상이다. 그리고 힘을 휘두름으로써 자신의 가치를 인정받고, 또 스스로 인정해야 한다고 생각하는 잘못 인식된 사고의 결과이다.

어떠한 상황에서도 삶이란 즐거운 것이고, 좋은 것이다. 이 세상은 우리의 후원자이며, 우리의 터전으로 이미 모든 것을 주었다. 세상은 우리에게 그 모두를 즐기고 사랑하라고 얘기한다. 우리가 듣지 못하고 알지 못할 뿐이다.

우리는 각자가 자신이 생각한 삶의 모습으로 피어나야 한다. 그러기 위한 모든 재료는 이미 우리 안에 있다. 우리 내부에서 찾아내 주기를 기다리면서. 그런 보물의 존재를 인정하고 탐색해야 한다. 탐색의 과정에서 우리에게는 가치가 보이기 이전에 그 가치를 알아볼 수 있는 혜안이 생기게 된다.

그렇게 캐내어지는 보물은 원석의 상태이다. 이런 보물의 원석을 찾기까지의 과정에서 우리는 성장하게 된다. 그리고 그 원석을 가공해 아름다운 보석으로 세상을 빛나게 한다. 그런 경험이 주는 기쁨으로 우리는 자체발광까지 할 수 있게 된다. 그럼으로써 이 세상을 밝히는 것이다.

환해진 세상에서 사람들은 더욱 분별을 잘할 것이고 선택을 제대로 하게 된다. 우리 인류는 이렇게 진화 발전해 왔으며 앞으로도 그럴 것이다.

"천재는 재능이 아니라 절망적인 처지 속에서 만들어지는 돌파구"
- 사르트르

알의 시대

1952년 피난 간 부산에서 태어났으나 서울에서 쭉 살았다.

알이었던 나는 알 껍질 속에서 세상을 관찰했다. 하지만 껍질을 쓰고 본 시각이라 모호함 속에서, 내 공상의 나래를 마음껏 펴고 살던 시절이다. 밖에 나가 놀기보다는, 그저 책과 TV, 라디오 등 보고 듣는 일만 즐기고 살았다. 만화방의 신간을 매일 섭렵해야 했으며, 어른들이 보는 책들도 거리낌 없이 보면서, 나만의 세계인 알 속에서 지냈다.

당시 시험보고 중학교를 들어가던 시절, 경기여중에 들어가 세상의 넓음을 알았다. 고고하게 살던 내가 만난 친구들은 각기 분야별로 뛰어났다. 조숙하다고 말을 들었던 나로서도 감당할 수 없이 조숙한 친구들이 있었다. 책을 두루 섭렵했다고 자부했던 내게, 내가 전혀 모르는 분야의 책을 자신 있게 들먹이는 친구들도 있었고, 모두 공부도 잘했다. 집안을 자랑하는 친구들, 재력을 과시하는 친구들. 내게는 모두가 충격이었으며, 공부를 하고 시험을 치른다는 사실도 이해하기 힘들었다. 나만의 알 속에서 집 안에서 일어나는 일도, 상식적인 부분도 모르고, 나만의 세계에만 침잠해 있었기 때문이다.

중학교에 들어가 겸손을 배웠다, 사실 위축되었다. 적응을 어떻게 해야 하는지를 몰랐다. 이때 나는 '내가 잘나지 않았다'는 생각을 주워 먹은 것 같다. 전업주부가 꿈이던 나는 경기여고를 졸업하고 이화여대에 진학을 했다. 여전히 알 속에서 꿈만 꾸면서 삶을 잘 모르던 내게 차디찬 현실이 다가왔다. 드디어 알의 껍질을 벗어나 애벌레로 변신했다.

애벌레의 삶

1령

내 나이 20살, 대학입학과 동시에 나의 엄마는 암 수술을 하게 되었고, 동시에 우리 가족에게는 집도 없는 상황이 몰아닥쳤다. 내가 이해를 못 하는 가운데 먹고사는 문제가 내게 다가왔다. 애벌레는 자신이 몸을 움직여 자신의 먹이를 취한다. 나의 역할이라 여기고, 열심히 먹이를 위해 움직였다. 학교를 휴학하고, 취업을 간신히 했다. 절망에 빠진 아버지를 제치고, 엄마와 우리 남매들은 각자 식구들의 먹이와 문제 해결을 위한 돈벌이를 해야 했다.

아직도 '엄마'라는 말이 좋다. 여전히 내게는 따스했던 알의 시대와 유아기의 엄마라는 포근함이 그립기 때문일 것이다. '엄마'라고 쓰는 어린 나의 마음을 이해해 주기 바란다.

2년의 휴학기간을 끝내고 복학을 하며 나는 가정교사라는 직업에 집중했다. 3~5집을 다니며, 아이들을 가르쳤다. 가정교사가 내 본분이고, 마치 학교는 그런 직업을 구하기 위한 수단이 된 듯했다. 당시는 복학생이 여대에는 거의 없었던 시절이다. 혼자서 학교를 기웃거리듯 다니면서 힘이 좀 들었다.

생활전선에서 열심히 뛰던 엄마는, 내가 대학 4학년 때 쓰러지셨고, 6개월이라는 시한부 인생이 되셨다. 나는 그렇게 절대적인 권위를 만났다. 엄마의 생존을 위해 아무것도 할 수 없는 무력한 존재임을 나는 인정했다.

생계를 위해, 엄마의 몫까지 나는 감당해야 했고, 고명딸인 나로서는 집안의 여러 가지 역할을 맡을 수밖에 없었다. 이때 기성세대의 냉정함과는 달리 나의 친구들이 진심 어린 걱정과 함께 도움을 주었다. 그 시절 내가 어떻게 살았을까 생각하면 지금의 내 마음이 아릿하다. 당시 엄마는 어떻게 견뎌 냈을까? 이런 생각들이 잔잔한 아픔을 준다. 물론 더 힘들게 사는 사람도 많다. 하지만 몰락의 과정에서 일어나는 생활의 변화와 막막함은 또 다른 문제이다. 거기에 겹친 병마, 더욱 아픔을 더하게 된다. 내가 아니라 가족이 아픈데 돈이 없어서 병원에 갈 수가 없다. 병원에 가서 만날 상황이 두렵다. 이런 일들이 살면서 가장 아픈 일이라고 느꼈다.

애벌레 삶의 시작이 내게는 무척 추웠으나, 애벌레 본분에 충실할 수 있었던 시절이었다. 가족들과 먹고살아야 하는 '지금'에만 집중했던 나는 내 역할을 다할 수 있었음에 행복도 느끼곤 했다. 이때 나는 앞으로 나누는 삶을 살겠다고 결정했다. 논의 물이 흐르면서 이 논 저 논을 적시듯이 재화는 그렇게 흘러야 한다고 내 삶의 원칙을 결정했다.

2령

내 나이 26살에 대학 졸업을 하면서 엄마를 잃었고, 나 혼자만의 삶이 시작되었다. 집이란 존재가 없어졌고, 아버지는 오빠에게 가셨고, 동생은 기숙사로, 나 홀로 서울에서 주거를 만들고 내 먹이를 만드는 일을 지속해야 했다.

쉽지 않은 취직으로 여전히 나는 가정교사를 했다. 그러다 결혼하는 친구가 국회의원 비서직을 인계해 주었다. 내게 맞지 않는 옷을 나의 생존을 위해 입고 앉아 있는 꼴이었다. 내가 제대로 해낼 수 없는 비서직이란 일로, 그 무언가를 찾게 했다. 그때 우연히 KIST(한국과학기술연구소) 연구원 공채 광고를 보게 되었다.

소심하고 실력이 별로 없는 나로서는 평소에 그런 용기를 낼 수가 없었다. 하지만 그때는 나도 모르게 응시를 하게 되었다. 나는 시험을 통과해, 연구소에 입소하게 되었다. 그곳에서 나는 내게 맞는 일을 만났고, 내가 자주 독립적으로 프로그램을 개발하고 시스템 전체를 유추해서 다른 사람이 작성하는 프로그램 역할까지 알아내면서 기뻤고 다시 삶의 자신감을 찾아 갔다. 그렇게 나는 시스템을 설계하고, 제안서와 보고서 작성자뿐 아니라 빠르게 프로젝트 매니저로 성장했다. 나는 프로그램을 만드는 일이 재미있었다. 문제를 분석하고, 단순하게 조각을 내고, 문제 해결 절차를 발견하고, 데이터의 흐름을 만드는 과정이 내겐 하나의 창조 작업으로 느껴졌다.

즐겁게 일하면서 나라는 애벌레는 무럭무럭 자랐다.

3령

내 나이 30에 나는 첫눈에 반한 남자를 만났다. 나는 어린 시절부터 내 인생의 반려자는 운명적으로 만날 것이라는 그런 꿈을 꾸어 왔다. 어린아이였던 시절 나는 『바다 밑 2만리』의 네모함장을 동경했고, 『아더왕 이야기』에 나오는 머얼린이라는 마법사가 좋았다. 아마 그런 기억들로 내가 만들어 낸 허상이었을 것이다.

31세에 남편의 가정환경을 마음 아파하며 결혼을 했다. 하지만 그 가족들은 내가 감당하기에는 너무나 무서운 조직이었다. 자신의 삶을 감당 못 한 사람들이 모여, 왜곡되고 야만성을 쉽게 드러내는 지나치게 어린 사람들이었다.

남편이 감당 못 하는 환경을 마치 내가 개선이라도 할 수 있을 것 같았던 그런 마음은, 결혼 며칠 후 공포심으로 채워졌다. 시어머니가 시누이 침대 매트리스에 부엌칼을 내리꽂았다. 그들은 거침없는 폭력과, 책임 전가 등 피해 의식에 가득 찬 공격성을 수시로 노출했다. 그런 가족을 봐야하는 남편이 불쌍했다. 나는 그래도 내 친가족이 아니니 견디기가 쉬울 것이라고 여기며 남편을 그들에게서 보호하려했다. 나의 어리석음과 자만을 여기에서 본다.

그곳에서 두 딸을 낳고 나는 그들의 비위를 맞추는 데 집중하고 살았다. 정작 사랑하고 돌봐야 할 아이들에게 줄 마음의 여유가 없었다. 그러면서 폭력이 난무하는 그런 상황을 최소화하는 것이 아이들과 남편을 보호하고 사랑하는 일이라는 그릇된 판단을 했다.

계속 연구소를 다니다가 남편이 있는 해외지사로 2년간 나가 살게 되었다. 30세 이후 처음 만난 편안한 시기였고, 내가 원한 것이 전업주부가 아님을 인식한 시기였다.

한국에 다시 와서 나는 직장을 찾았으나, 쉽게 되지 않았다. 나의 소심함의 결과라고 본다. 그러다 나는 무모해졌다. 후배 회사에 책상 2개 놓고 창업을 했다. 내가 집에서 있을 수가 없는 환경이었다. 그것이 나를 조급하게 만들었고, 나의 무식이 용감함이라 일을 저지르게 했다.

1988년 나는 개인사업자로 창업을 했다. 내가 나의 직장을 만든 것이다. 그리고 나는 1990년 법인으로 전환을 했다. 나의 가족들은 내가 일을 한다는 행위가 오로지 나만을 위해서라며 죄인 취급을 심하게 했다. 일한다는 이유만으로 나는 그들에게 늘 미안해해야 하는 상황이었다. 내가 버는 돈은 다 같이 쓰면서, 그들은 아니라고 확신하고 있었다. 인간 두뇌 움직임의 얄궂음을 나는 그때 알았다. 두뇌 움직임의 방향을 결정하는 것은 인간의 마음임도 알았다. 하지만 내가 대처 방법을 모르고 그것을 용인했다는 것이 나의 어리석은 실책이다.

내가 갖고 있는 두려움이 공포가 되었고, 착한 사람으로 살려던 나의 꿈이 나를 어리석은 존재로 만들어 갔던 것 같다. 거기에서 벗어나기 위해서는 나의 아이들을 잠시라도 맡길 곳이 있어야 했으나, 나는 그런 협조자를 만나지 못했다. 그래서 시부모분들이 아이들을 사랑하니 아이들은 괜찮겠지 하며 자위를 했다.

내가 창업한 현민시스템은 조금씩 성장했고, 내가 생각한 다양한 시도를 가능하게 했다. 그런 시도를 할 수 있다고 생각한 것도 나의 어린 마음에서 비롯되었다고 본다. 열악한 나의 환경에서 나는 나름 열심히 살았다. 하지만 내가 쉴 곳은 없었다. 가정은 나의 제1의 직장이었고 회사는 제2의 직장이었다.

내게는 시간의 자유도 없었고, 일거수일투족의 자유도 없었다. 잠도 뜻대로 잘 수 없었다. 당시 내가 인식했던 나의 삶은, 마치 거미줄에 잘못 걸려든 곤충 같았다. 그런 삶이 진정한 자유를 동경하게 했다.

안정적인 삶을 구가할 40대 중반에 들어섰다. 하지만 내 삶은 하루도 편안하지가 못했다. 아이들이 크면서 집안의 문제가 불거졌다. 물고 빨며 사랑한다던 아이들이 자신들의 생각을 드러내는 나이가 되니 시부모는 아이들에게도 쉽게 야만성을 드러냈다. 그들은 모든 것의 피해자라고 스스로 생각하니 아이들에게서도 피해를 입은 듯 여겼다. 또한 아이들에게 지나친 과보호를 해야 한다고 나에게 주장했다. 그러지 않는 나를 또 공격했다. 그들이 생각하는 모든 문제는 나였다.

인간이 자신을 돌보지 않으면 어떻게 되는지 나는 그 실상을 목격했다. 하지만 그들은 나쁜 사람이어서가 아니라, 삶과 자신을 모르기 때문이다. 즉 삶의 경영에 실패한 사람들이었다.

1998년 날로 견딜 수 없게 심해지는 집안 문제. 그래서 회사를 그만두고 귀국한 남편. 끝없이 벌어지는 가정폭력 문제로 큰딸의 유학을 결정했다. 고등학교부터 혼자 떨어져 그 아이는 자신이 스스로 자신의 삶을 경영해야 했다. 내가 나의 큰딸로 아파한 마음이 세상에 남아, 아이를 보호할 것이라 믿으며 살았다. 나의 가정이 아이들에게는 안전할 것이라고 여긴 나의 어리석음에 아이들에게 항상 미안하다. 특히 큰딸이 겪어 낸 고통에 미안함을 어떻게 표현할 수가 없다.

본격적으로 나는 기운을 잃어 갔다. 이제 애벌레가 노년기로 접어들기 때문이었을 것이다. 지치고 지친 내 몸은 그만 모든 것을 던지고 싶었다. 그런 상황에서 회사도 자금난을 겪게 되었다. 회사도 통솔이 제대로 되지 않았다.

벤처 붐이 일면서 나에게도 투자를 받아야 한다고 많은 사람들이 권유를 했고, 자금이 어려웠던 나는 2000년도에 20억 원의 엔젤 투자유치를 했다. 이것 또한 나의 큰 실수였다. 내가 나를 잘 모르고 과신한 결과이다. 내 몸과 마음은 오랜 기간 지쳐 이미 힘이 고갈되었음을 몰랐다. 그리고 나의 가정이 그렇게까지 박살이 날 줄을 몰랐던 나의 오판이었다.

사람은 자신이 처한 환경에서 학습을 한다. 남편도 그것을 의식하지 못한 상태에서 자신이 싫어하던 가족들의 행동 패턴을 익혔다고 본다. 자신도 모르게 익힌 부정적인 생각이 자신이 처한 상황이 좋지 못하다는 판단으로 이어졌다고 본다. 그러자 부정적인 마음이 그를 지배하기 시작했던 것 같다. 나의 이런 경험이 인간은 '자기창조경영'을 해야 한다는 생각으로 번데기 속에서 숙성되었다.

투자유치로 신규사업에 나는 몰입해야 했으나, 회사 구조도 나의 주변도 모두가 그것을 방해했다. 나는 그런 부정적인 힘에 휘둘리며 제대로 일을 전개하지 못했다. 그리고 조급한 투자자들은 증자 작업을 하자, 바로 불안감에 쫓겨 다시 돈의 반환을 요구하며 나의 시간을 빼앗아 갔다. 돈과 사람에 대해 학습을 하는 내게는 좋은 기회가 되기도 했다.

모두가 나의 그릇된 판단에 의해 벌어진 일이었다. 내게 놓인 것은 죽음밖에 없었다. 내게 남아 있는 친구도 가족도 아무도 없었다. 오직 나의 딸 둘이 나를 잡고 있었다. 모든 것이 두려운 나는 그저 모든 것을 놓았다. 빼앗아 가는 사람도 있었고, 집어 가는 사람도 있었고, 남이 다 가져간 후에 원망하는 사람들도 있었다. 그저 모든 게 끝나기만 바라며 나는 죽어 갔다.

1. 갈매기의 꿈

미국 작가 리처드 바크의 세계적인 베스트셀러이다. 주인공 조나단 리빙스턴이란 갈매기는 단순히 본능적인 먹이의 확보가 아닌 비행에 대한 자신의 의지를 관철시키려는 도전을 지속한다. 이 책은 출간 후 성직자들에게서 '신의 영역에 도전하는 오만으로 가득한 작품'이라는 비난을 받기도 했다.

2. 두그파 린포체(Dugpa Rinpoche)

그는 티베트 사상을 대표하는 주요 인물이다. 티베트 불교의 고위직 승려로서 달라이 라마를 수행하여 다람살라로 망명했다. 그곳에서 많은 대중에게 가르침을 펼쳤다. 1970년대 히말라야 산맥 기슭의 나가르코트 사원에 정착해 1989년 입적할 때까지 구도의 여행자들에게 지혜와 깨달음을 얻는 길을 가르쳤다.

3. 랄프 왈도 에머슨(Ralph Waldo Emerson, 1803~1882)

에머슨은 미국의 시인이자 사상가로, 동양 사상에 밝아 청교도의 기독교적 인생관을 비판하고, 편협한 종교적 독단이나 형식주의를 배척했다.

자신을 신뢰하며 인간성을 존중하는 개인주의적 사상을 주장하였고, 자연과 신 그리고 인간은 궁극적으로는 하나로 돌아간다는 범신론적인 초월주의 철학 입장에 섰다.

그는 세속을 싫어하고 구애되지 않은 자연 속에서 사색을 쌓아 '문학적 철인'이라고 추앙받기도 하였으며, 그의 이상주의는 미국의 근대 사상계에 큰 영향을 끼쳤다. 그리고 많은 저서를 남겼다.

4. 6일간의 깨달음(아론 랠스톤)

미국 등반가인 27세의 청년 아론 랠스톤의 생존 실화다. 아론은 어느 날, 유타 주의 협곡을 단독 등반했다. 협곡을 내려가던 중, 머리 위쪽에서 떨어진 돌에 오른팔이 짓눌려 끼이고 말았다. 아론은 자신이 맞닥뜨린 불행에 절망했지만, 믿기 어려울 정도로 침착하게 자신의 상황을 인정했다. 그리고 갈증뿐 아니라, 사막의 살인적인 추위를 127시간이나 버티고 6일째 되던 날, 자신의 팔을 자르고 탈출을 시도한다.

그는 오른팔이 돌에 깔린 채 협곡에 갇혀서 보내야 한 6일간과 그곳에 오기 전까지 겪은 일을 번갈아 가며 생생하게 묘사하면서, 팔을 잃어서라도 살아남기를 갈망한 자신의 선택을 통해 삶의 소중함을 우리에게 다시 한 번 깨닫게 해 준다.

5. 파울로 코엘료(Paulo Coelho)

『연금술사』로 세계적인 작가가 된 파울로. 그를 인기 있는 신비주의 작가라고 칭한다. 그는 극작가, 연극연출가, 저널리스트, 대중가요 작사가로도 활동했다. 그는 작품 속에서 인간의 영혼과 마음, 그리고 자아의 신화와 만물의 정기를 이야기한다.

그는 젊은 날의 갈등과 고뇌를 통해 획득한 깨달음을 책을 읽는 독자에게 나누어 주려는 의지를 확실하게 보여 준다. 그래서 투박하고 간결한 문체 속에서 자신의 내면을 내밀히 탐구하라는 메시지로 여러 소설을 펴내고 있다.

6. 찰스 다윈(Charles Robert Darwin, 1809~1882)

영국의 생물학자로 생물진화론 정립에 공헌하였다. 해군측량선 비글호에 박물학자로서 승선하여, 남아메리카 · 남태평양의 여러 섬과 오스트레일리아 등을 항해 · 탐사했고 그 관찰기록을 『비글호 항해기』로 출판하여 진화론의 기초를 확립하였다. 1859년에 발표한 그의 대표 저서인 『종(種)의 기원(起原)』은 진화론에 관한 자료를 정리한 것으로, 이로써 진화 사상을 공개 발표하였다.

7. 콘라드 힐턴(Conrad N Hilton, 1887~1979)

미국 호텔 체인인 Hilton 호텔의 창업자로 호텔왕이라고도 불린다. 그는 '나'라고 하는 원자재를 어떻게 이용하느냐가 성공의 관건이라고 얘기했다.

그가 말하는 10가지 성공비결을 소개한다.

① 매일 일관되게 기도하라.

② 자신만의 특별한 재능을 찾아라.

③ 큰 꿈을 갖고 크게 생각하고 크게 행동하라.

④ 언제 어느 순간에도 정직하라.

⑤ 열정을 갖고 살라.

⑥ 재물의 노예가 되지 말라.

⑦ 문제를 해결할 때 서두르지 말고 인내를 가지고 대하라.

⑧ 과거에 집착하지 말라.

⑨ 언제나 상대를 존중하고 업신여기지 말라.

⑩ 자신이 살고 있는 세계에 대해 자신이 할 수 있는 모든 책임을 다하라.

8. 강철왕 카네기(Andrew Carnegie, 1835~1919)

1865년 철강업을 경영하기 시작해, 1870년대부터 미국 산업계에 일기 시작한 기업합동의 붐을 타고, 피츠버그의 제강소를 중심으로 하는 석탄·철광석·광석 운반용 철도·선박 등에 걸치는 하나의 대철강 트러스트를 형성하였다. 1901년에는 금융자본가인 모건(J. P. Morgan)과 함께 주요 철강회사 12개를 통합해 미국 철강시장의 65%를 지배하는 'US스틸'회사를 탄생시켰다.

철강왕으로 부를 쌓은 그는 만년에는 자신이 모은 재산을 사회에 환원하는 차원에서 교육과 문화 사업에 전념했다. 뉴욕 최대의 공연장인 '카네기홀'에 출자했으며, 카네기 공과대학(멜론연구소와 병합하여 현재는 카네기멜론대학)을 설립하는데 거액을 기부했다. 또한 그는 카네기재단을 설립해 연구와 문화사업을 지원했다

9. 요한 볼프강 괴테(Johan Wolfgan von Goethe, 1749~1832)

우선『젊은 베르테르의 슬픔』이라는 소설을 떠오르게 하는 독일의 유명 작가이자 철학자, 과학자이며, 한때에는 바이마르 공국의 재상이었다.

어려서 천재교육을 받은 그는 궁정극장의 감독으로서 경영·연출·배우 교육 등 전반에 걸쳐 활약했다. 또한 1806년에『파우스트』제1부를 완성, 1831년 82세에 제2부를 완성시켜 지금까지 불후의 명작으로 우리를 감동시키고 있다. 또한 그는 자연과학 분야에까지 미치는 방대한 업적도 남겼다.

10. 베르나르 베르베르(Bernard Werber)

프랑스 소설가로 독특한 상상력, 삶과 우주에 대한 호기심으로 특히 한국에서 많은 사랑을 받고 있는 작가이다.

대표작으로『개미』,『상대적이며 절대적인 지식의 백과사전』,『타나토노트』,『신』등 많은 작품이 우리나라에서 번역되어 인기를 얻고 있다.

11. 리그 베다

인도 문화의 근원을 이루는 베다 문헌 중 가장 오래된 것으로 브라만교의 근본 성전(聖典)이다. 10권 1천28의 시구(詩句)로 구성되어 있다. 자연신 숭배의 찬미가를 중심으로 혼인·장례·인생에 관한 노래, 천지창조의 철학시(哲學詩), 십왕 전쟁(十王戰爭)의 노래 등을 포함하고 있다. 각 권마다 구별이 있으나 대부분은 기원전 1000년을 기점으로 전후

(前後) 수백 년에 걸쳐 성립된 것으로 추정된다.

12. 알리스 슈바르처(Alice Schwarzer)

독일의 대표적인 여성운동가로, 1977년 여성주의 잡지인 ≪엠마≫
(EMMA)의 창간으로 독일에서 여성운동의 대중화를 주도하였다. 이후
평화 운동, 반포르노 운동 등을 주도함으로써 양성평등에 대한 그의 기여
가 높게 평가되고 있다. 그는 독일 정부로부터 무공훈장을 받기도 했다.

13. 아주 작은 차이

독일 여성운동가 알리스 슈바르처가 '사랑과 성'을 페미니스트의 입장
에서 서술한 책이다. 전반부는 13명의 여자들과의 인터뷰를 통해 대표성
을 갖고 있는 성에 대한 이야기와 함께 짤막한 해설을 덧붙이는 방식으로
구성했다. 그녀는 후반부에서 현존하는 성규범의 원인과 결과에 의문을
제기하며 '질 오르가즘'과 '불감증'의 문제에 대한 광범위한 분석을 통해
해결 방안을 모색하고 있다.

14. 이광(李廣)

중국 전한시대의 장군으로 무용이 뛰어나 평생을 흉노와 싸워 왔지만
번번이 전공을 인정받지 못하고 분사했다. 그는 청렴한 인물로, 샘을 발
견하면 부하를 먼저 먹였다. 식사도 하사관과 함께 하여, 전원이 식사를
시작할 때까지 자신의 몫에는 손을 대지 않았다고 한다. 사마천은 『사기』

에서 그의 인품에 대해 "복숭아나 자두나무는 아무 말도 하지 않지만, 그 아래에는 자연과 사람이 모이고 길이 생긴다."고 높게 평가했다.

15. 마이클 케리건(Michael Carrigan)

동기부여 전문가이자, 강연자, 중재자이며 인생 기술 프로그램과 성인들과 청소년을 위한 교육 자료를 만드는 라이프트 랙스 언리미티드사의 CEO이다.

그는 저서 『나는 어떤 선택권을 가지고 있는가?』에서 삶을 더 나은 방향으로 이끌어 갈 수 있는 도구들을 제공하며, 현재 위치와 나아가고 있는 방향에 대해 책임을 지고, 적절한 선택을 하게 되면 우리는 꿈과 생각, 행동과 결과에 대해 더 많은 통제력을 행사하게 될 것임을 알려 준다.

16. 존 퍼먼(John Fuhrman)

작가 존 퍼먼은 강연자이자 행동 훈련가이고 컨설턴트이다. 또한 그는 동기유발과 행동 개선을 교육하는 Frame of Mind의 창립자이며 CEO이기도 하다. 판매왕 상을 수상한 바 있는 그는 세일즈 매니저면서 기업가이기도 했다. 그는 거절(Rejection)에 대한 권위자로 상당한 개인적인 경험에 유머를 결합해 수많은 세일즈맨들과 기업 고객들의 행동 개선 강연을 해 왔으며 저서 『거절을 즐겨라』에서 그는 거절이 지닌 힘과 그것을 제대로 활용하는 방법을 보여 준다.

17. 파스퇴르(Louis Pasteur, 1822~1895)

프랑스의 화학자·미생물학자로, 화학조성·결정구조·광학활성의 관계를 연구하여 입체화학의 기초를 구축하였다. 그는 발효와 부패에 관한 연구를 시작한 후 젖산발효는 젖산균과 관련해서 일어나며 알코올발효는 효모균의 생활에 관련해서 일어난다는 것을 발견하였다. 또한 그는 발효가 생명과 관련된 현상이라는 것을 알고 미생물학자로 전환하여, 탄저병·광견병 등의 백신을 발견했다.

18. 법정스님(1932~2010)

한국의 승려이자 수필 작가이다. 지리산 쌍계사, 가야산 해인사, 조계산 송광사 등 여러 선원에서 수선안거(修禪安居)하였고, ≪불교신문≫ 편집국장·역경국장, 송광사 수련원장 및 보조사상연구원장 등을 지냈다. 1970년대 후반에는 송광사 뒷산에 직접 작은 암자인 불일암(佛日庵)을 짓고 청빈한 삶을 실천하면서 홀로 살았다. 1994년부터는 순수 시민운동단체인 '맑고 향기롭게'를 만들어 이끌었으며, 1996년에는 서울 도심의 대원각을 시주받아 이름을 길상사로 고치고 회주로 있었다. 2003년 12월 물러나 강원도 산골에서 직접 땔감을 구하고, 밭을 일구면서 무소유의 삶을 살았다. 그는 생전에 수필 창작에도 힘써 많은 수필집을 출간하여, 꾸준히 읽히는 스테디셀러 작가로도 문명(文名)이 높다. 대표적인 수필집으로는 『무소유』, 『오두막 편지』 등이 있다.

19. 동안거(冬安居)

선종(禪宗)의 승려들이 10월 16일부터 이듬해 1월 15일까지 90일 동안 외출하지 않고 사찰에 머물며 오로지 수행에 전념하는 일을 말한다. 구순금족(九旬禁足)이라고도 하며, 하안거(夏安居)는 4월 16일(또는 5월 16일)부터 7월 15일(또는 8월 15일)까지 한다.

20. 엘머 게이츠(Elmer Gaits)

미국의 정신의학자로 사람의 감정분석에서 놀라운 사실을 발견했다. 그는 사람이 내쉬는 숨을 모아 냉각을 시켰더니 상태에 따라 색깔과 성분이 달랐다고 한다. 기뻐하는 사람의 것은 청색, 슬픔과 고통에 빠져 있는 사람의 것은 회색, 후회하고 괴로워하는 사람의 것은 분홍색, 화내고 있는 사람의 것은 밤색의 무서운 독소였다고 한다. 놀라운 것은 한 사람이 계속 한 시간 동안 화를 내면 80명을 죽일 수 있는 분량의 독소가 나온다고 한다.

아주 오랜 세월 동안 서서히 만들어진 나의 생각과 경험을 이 책에 담았다. 이 과정에서 많은 사람들이 나에게 영감을 주었다. 그리고 끊임없이 에너지도 주었다.

그동안 내가 만난 주변의 사람들과 책을 통해 만난 사람들이 나의 스승이 되어 주었고, 반면선생도 되어 주었다. 그리고 여전히 나를 믿어 주고 인정해 주는 사람들이 아직도 남아 도움을 베풀고, 내게 힘을 주었다. 그 모든 분들께 감사하다.

무엇보다도, 나의 사랑하는 큰딸에게 깊이 감사한다. 큰딸은 지금까지 나의 든든한 후원자이자, 냉정한 비평가이다.

엄마로서의 변

나의 사랑하는 딸!

무너지는 가정에서 엄마를 지키겠다며, 나의 큰딸은 입학 허가를 받은 캐나다 T대학에 2년간 입학연기를 요청했다. 그 2년 동안에 나의 집은 완전히 무너졌고, 회사 또한 무너져 갔다. 아무 대책이 없는 상황에서 나는 딸을 떠나보냈다. 믿음을 잃으면 희망도 잃게 된다. 내 딸이 한국이 아니라 캐나다에서 공부를 할 수밖에 없다는 느낌을 믿으며 내린 무모한 결정이었다.

당시 작은딸은 고등학생이었다. 이제는 두 딸이 다 대학을 졸업했다.

내가 공부를 시킨 것이 아니라 스스로들 해냈다. 큰딸이 유학을 떠난 후 우리는 오도 가도 못 하며 생이별을 지금까지 견뎌 내고 있다. 아무도 없는 곳에서, 불안한 현실 속에서 딸아이가 견뎌 내 주고 이겨 내 준 것에 감사한다.

가정이 붕괴되는 그 기간에 우리 세 모녀의 마음과 몸이 같이 무너져 내렸다. 우리는 각자가 이미 지칠 대로 지쳐, 누가 누구를 돌보거나 챙겨 볼 여유가 없었다. 각자 자신의 생존을 책임지고, 삶을 유지하자고 약속했다.

이때 살고 싶지 않은 나의 마음을 '내가 죽으면, 내 딸들은 평생 엄마 없이 살아야 한다'는 생각이 잡아 주었다. 나이를 먹고 평탄치 않은 삶을 살면서 내게는 친정부모가 없다는 현실이 서글펐기 때문이다. 어떠한 보호자도 없이 살았다는 느낌에, 나는 살아서 이 세상을 날아다니는 딸들의 뒤에 늘 있기를 원했다. 그것이 내가 아이들에게 해 줄 수 있는 유일한 일이라고 굳게 믿었다. 그래서 나는 오로지 내가 살아야 한다는 문제와, 매 순간 삶을 사는 것에 나를 집중시켰다.

생존이 그래도 유지되면서 '아, 이렇게 아무것도 없어도 살아지는구나'를 알게 되었고, 한국의 다양한 주거 형태를 체험했다. 예전에는 없었던 고시원이라든지, 다양한 임대 방법에도 감사한다. 그리고 인간의 생존을 위해서는 그렇게 많은 것이 필요 없음도 깨우쳐 알게 되었음에 감사하다.

생존 유지가 확실해지자 나는 아이들에게 물려줄 수 있는 값진 보물이 무엇인지 탐색하게 되었다. 세상 사람들이 자식을 위해 재산을 증식하며, 안전지대를 만들려고 애쓰는 모습을 보면서 그런 것이 아닌 진짜 보물을 만들기로 결정했다. 삶을 어떻게 창조하고 경영하는 것인지, 그 방법을 알아내 나의 것으로 만들며 어떤 상황에서도 도전하는 모습을 보여 주어야 했다.

내가 경영했던 삶이, 나의 딸들을 위한 성장의 발판이 될 것이다. 그래서 청출어람(靑出於藍)이란 말이 있다. 나의 어머니는 좌절 속에서 자신의 마음을 간신히 추스르며 세상을 떠났다. 나는 청출어람을 믿고 좌절을 극복했다. 이것은 사람은 자신이 보고 들으면서 학습을 하는 것이기 때문이다. 또한 내 어머니의 좌절이 내게 주어진 상황을 이겨 내야 한다는 목표를 주었기 때문이다. 그래야 그 다음 단계로 나의 딸이 성장할 것이라 믿었다.

이렇게 내가 엄마로서의 마음을 얘기한 것은 큰딸에 대한 미안함 때문이다. 내가 그 아이의 위기 상황에 돌볼 수가 없었고, 해 주고 싶은 그 어떤 것도 해 주지 못했기 때문이다.

고맙다 딸들아!

견딜 수 없는 고립감과 고독을 넘어 멋진 딸로 성장한 나의 큰딸! 폭력의 공포에서 견디지 못하고 떨기만 했던 엄마를 구해 주고 지켜 주었던 나의 용감한 큰딸. 하지만 엄마는 너를 제대로 보살피지 못한, 비겁한 엄마였다. 미안하다.

고맙다 딸들아! 엄마가 이미 겪어 낸 과정은 너희 것이다. 살아 주어서 고맙고 이겨 내 주어서 고맙다. 어리석고 겁 많은 엄마를 긴장시키고 잡아 주어서 고맙다.

나의 사랑하는 딸들에게 삶을 경영하는 데에는 연습과 기술이 필요하다는 확신을 전한다.

종교에

내 삶이 무너져 내릴 때 공포 속에 함몰된 나의 은신처였고, 잠시의 피난처가 되어 준 교회에 감사한다. 나는 길을 가다가도 열린 어느 교회나 들어가 잠시라도 마음을 가다듬을 수가 있었다. 그리고 내가 소리를 질러 대며 내 분노를 표출할 장소를 제공해 준 교회와 기도원에 감사하다. 전에는 웬 교회가 이리 많으냐고 비판적인 시각으로 보았었다. 하지만 그렇게 많은 교회가 있어, 언제라도 내가 사용할 곳이 되어 주었음에 감사한다.

성경에서 내가 살아나올 수 있는 길을 찾을 수 있다고 들이파던 시절, 내게 용기와 도전을 성경이 주었다. 내 나름의 의미를 파악해 가면서 삶에 대해 깨우침도 얻었고, 희망을 건져 낼 수 있었다.

완전한 파산 후에 만난 박상희 전도사(강화도 나오미네집)의 전폭적인 지지와 사랑에 감사한다. 그녀가 믿어 줌으로써 나는 그의 월계관이 되기로 했다. 이것은 내가 부활할 수 있다는 믿음이 되어 주었다.

하지만 믿음을 키워 가던 내게는 세부적인 이해가 더욱 절실히 요구되었다. 수행을 통해 깨달은 이들의 깨우침을 통한 공부가 필요했다.

그런 내게, 불교의 수행을 통해 깨우침을 가지신 스님들의 책이 내 마음의 양식이 되어 주었다. 오늘날 인류에게는 깨우친 분들이 이미 많다. 그들이 왜 책으로 그들의 깨우침을 남기는지 알게 되었고, 나는 그분들을 스승으로 모셨다.

많은 미디어를 통해 우리는 이미 깨우침의 지식을 많이 접한다. 마음만 먹으면 얼마든지 배불리 먹으며 삶을 여유롭게 할 수 있다.

나는 이런 모든 종교의 수혜자였음을 고백하며 감사한다.

이화순

이화여자대학교 사학과 졸업
한국전자통신연구원(ETRI) 연구원
IT 벤처기업 창업, 15년간 경영
각 정부기관 자문 및 일간지, 전문지 등에 칼럼 연재
정부공공기관, 지방자치단체, 대학, 주요 기업 등에서 '자기창조경영' 등 강의
현) Visionary로서 컨설턴트 및 저술 활동
　　Visionary Leader's Club(www.visionary.co.kr) 운영

인생을 리드하는
휴먼, 감동 스토리

실패예찬

애벌레가 번데기를 거쳐 나비가 되기까지

초판발행　　2011년 5월 2일
중　　쇄　　2012년 12월 1일

지은이　　　이화순
펴낸이　　　채종준
기　획　　　김남동
편집디자인　김은정
표지디자인　이종현

펴낸곳　　　한국학술정보㈜
주　소　　　경기도 파주시 교하읍 문발리 파주출판문화정보산업단지 513-5
전　화　　　031) 908-3181(대표)
팩　스　　　031) 908-3189
홈페이지　　http://ebook.kstudy.com
E-mail　　 출판사업부　publish@kstudy.com
등　록　　　제일산-115호(2000. 6. 19)

ISBN　　　 978-89-268-2144-2 03180 (Paper Book)
　　　　　 978-89-268-2145-9 08180 (e-Book)

이담 Books 는 한국학술정보(주)의 지식실용서 브랜드입니다.